这本书属于：

_____

_____

把你的名字写在这里吧。可以用不同颜色的笔来写每一个字（参见第30页）。

这不是一本科学书

[英]克莱夫·吉福德 著 张朋亮 译

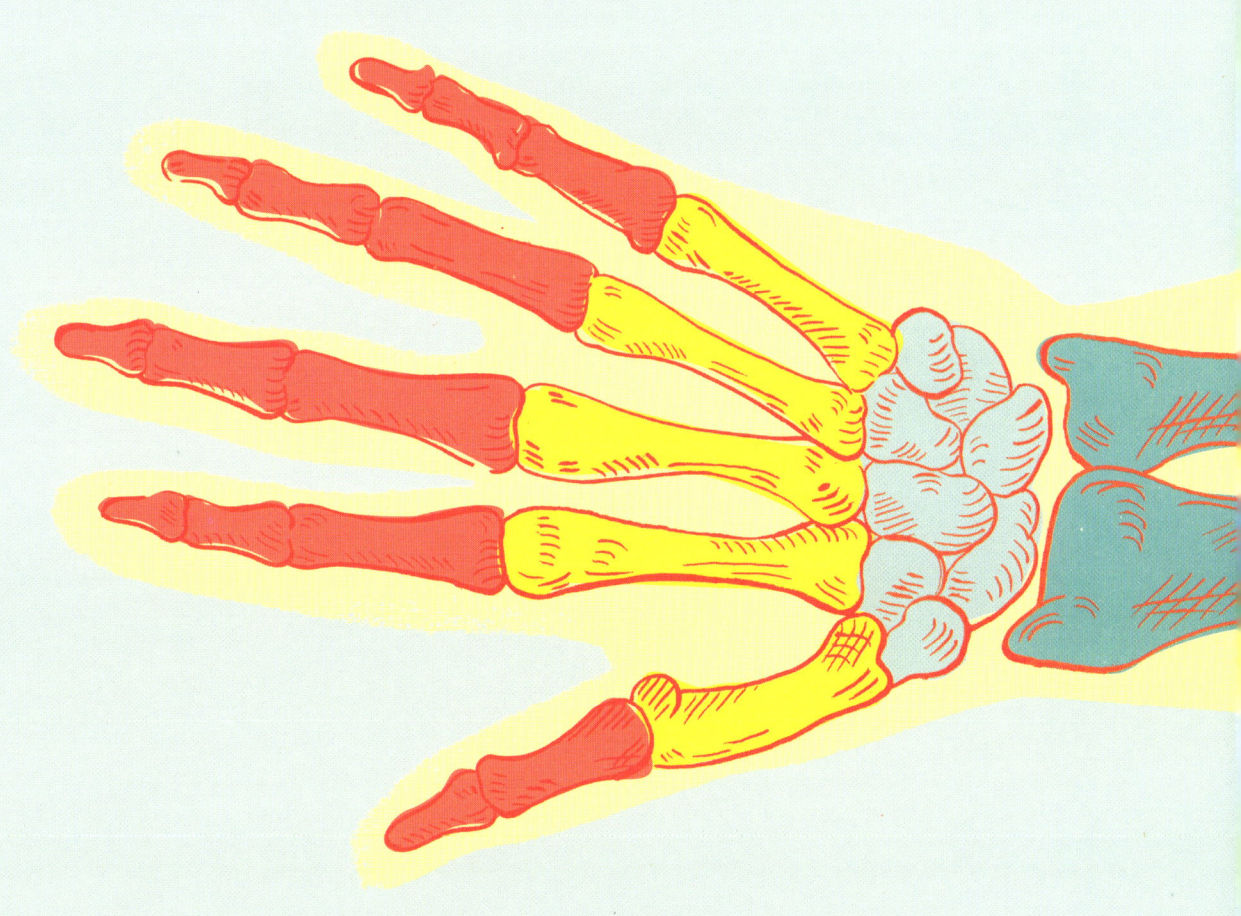

花山文艺出版社

河北·石家庄

图书在版编目（CIP）数据

这不是一本科学书 /（英）克莱夫·吉福德著；张朋亮译. — 石家庄：花山文艺出版社，2019.1（2022.2 重印）

ISBN 978-7-5511-4463-6

Ⅰ.①这… Ⅱ.①克…②张… Ⅲ.①科学知识-儿童读物 Ⅳ.① Z228.1

中国版本图书馆 CIP 数据核字 (2019) 第 021626 号

河北省版权局登记 冀图登字：03-2018-154

Copyright © 2016 Quarto Publishing plc
Text © Clive Gifford
Simplified Chinese translation © 2019 Ginkgo (Beijing) Book Co., Ltd.

Original title: This Is Not A Science Book
First Published in 2016 by Ivy Kids
an imprint of The Quarto Group.
All rights reserved

本书中文简体版权归属于银杏树下（北京）图书有限责任公司

书　　名：	这不是一本科学书
著　　者：	[英]克莱夫·吉福德
译　　者：	张朋亮
选题策划：	北京浪花朵朵文化传播有限公司
出版统筹：	吴兴元
责任编辑：	刘燕军
策划编辑：	蔡军剑
特约编辑：	余以恒
责任校对：	李　伟
美术编辑：	胡彤亮
出版发行：	花山文艺出版社（邮政编码：050061）
	（河北省石家庄市友谊北大街 330 号）
印　　刷：	北京利丰雅高长城印刷有限公司
开　　本：	889 毫米 ×1194 毫米 1/16
印　　张：	6
字　　数：	60 千字
版　　次：	2019 年 3 月第 1 版
印　　次：	2022 年 2 月第 4 次印刷
书　　号：	ISBN 978-7-5511-4463-6
定　　价：	49.80 元

官方微博：@浪花朵朵童书
读者服务：reader@hinabook.com 188-1142-1266
投稿服务：onebook@hinabook.com 133-6631-2326
直销服务：buy@hinabook.com 133-6657-3072

北京浪花朵朵文化传播有限公司　版权所有，侵权必究
投诉信箱：copyright@hinabook.com fawu@hinabook.com
未经许可，不得以任何方式复制或抄袭本书部分或全部内容
本书若有印、装质量问题，请与本公司联系调换，电话 010-64072833

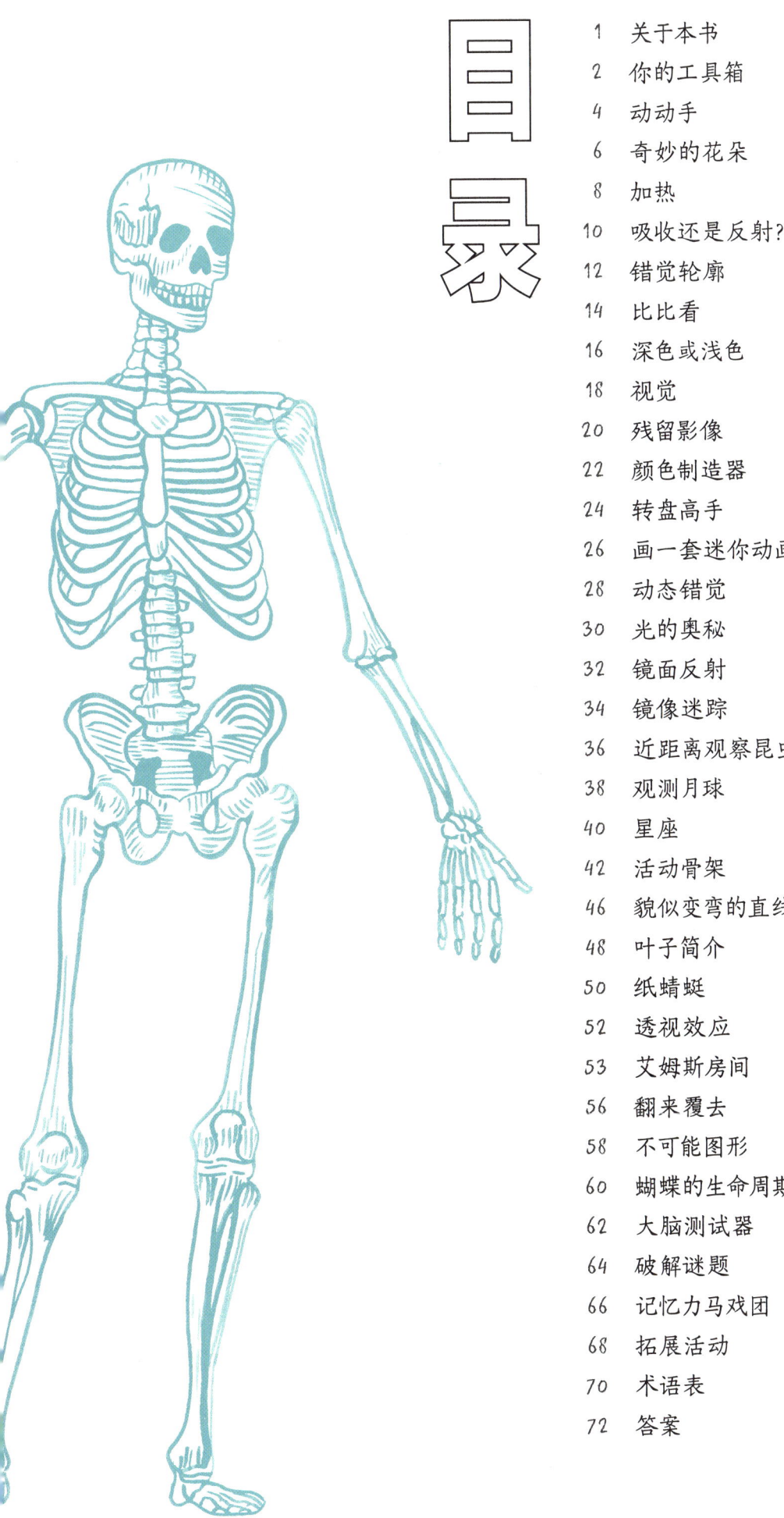

目录

1 关于本书
2 你的工具箱
4 动动手
6 奇妙的花朵
8 加热
10 吸收还是反射？
12 错觉轮廓
14 比比看
16 深色或浅色
18 视觉
20 残留影像
22 颜色制造器
24 转盘高手
26 画一套迷你动画
28 动态错觉
30 光的奥秘
32 镜面反射
34 镜像迷踪
36 近距离观察昆虫
38 观测月球
40 星座
42 活动骨架
46 貌似变弯的直线
48 叶子简介
50 纸蜻蜓
52 透视效应
53 艾姆斯房间
56 翻来覆去
58 不可能图形
60 蝴蝶的生命周期
62 大脑测试器
64 破解谜题
66 记忆力马戏团
68 拓展活动
70 术语表
72 答案

觉得科学太枯燥？

别担心，这可不是一本科学书……
至少不是一本枯燥的科学书！

科学不仅仅是穿着白大褂，
拿着教科书，
在实验室里摆弄试管。

科学就在我们身边，

科学可以变得迷人而有趣！

关于本书

科学是无比重要的,因为它能够告诉我们关于这个世界的太多奥秘——我们的眼睛为什么能看见东西?光是如何由不同的颜色构成的?飞机为什么能飞?包括我们人类在内的各种动物是如何生存的?一些聪明的人利用科学,为我们提供了很多好玩的东西,包括精彩的电影、神奇的魔术,还有迷人的错觉图……

这本书就是关于如何通过有趣的活动来帮你认识科学的。它会鼓励你通过绘画、涂色和手工制作的方式,探索周围的世界。此外,你还可以知道植物如何繁殖,发现生物在一生中变化的规律,还可以探索光和镜子产生的科学现象。

通过一些好玩的活动,你可以学会观察月亮,绘制人体骨骼,探索热量是如何进行反射和吸收的,还能通过一些超级酷炫的视觉错觉图和烧脑的谜题,来挑战自己的大脑。

好了,准备一支铅笔或水笔,打开这本书,试着玩一玩这些新奇的科学游戏吧。你将会看到不一样的科学!

你的工具箱

在进行这些科学活动的时候，你需要用到几件简单的工具。

彩色水笔和蜡笔：你需要用它们画图、涂色、创作错觉图和解答谜题。

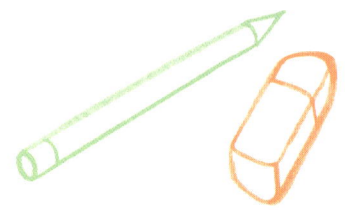

铅笔和橡皮：用铅笔来解答谜题，有时候需要用橡皮擦掉错误的答案，尝试更好的方案。

卡片和纸片：有些活动需要用到卡片和纸片。

描图纸：有时候你需要将书上的图样描到卡片或纸片上。关于如何描图，下一页会有详细的介绍。

安全提示！
书中的一些活动会用到剪刀或尖锐的物品，可能需要成人的帮助来完成。

圆规：用来画出完美的圆。它看上去就像一个倒立的"V"字，其中一条腿上固定着一支铅笔，另一条腿上有一根尖针。用尖针将圆规固定在纸上，旋转带有铅笔的那条腿，就可以围绕这个圆心画出一个圆。

直尺和剪刀：最好是30厘米长的直尺和小型剪刀。

其他工具：有的活动可能会用到一些其他的物品，例如毛线、曲别针、铅笔头或镜子等。你应该可以在自己家里找到它们。

如何描图

你可以把书上的图样描下来，也可以用剪刀将图样剪下来。有时候还需要将这些图样贴到卡片上。如果你想要描图，可以按照以下步骤操作：

* 将描图纸铺在图样上，用一支铅笔沿着图样上的线条"追踪"它的形状，最终就会将图样的形状复制到你的描图纸上。

* 把描图纸翻过来，让有图案的那一面贴在一张空白的纸片或者卡片上，然后用几枚曲别针固定好。

* 用铅笔再次沿着所有的线条描绘一遍，描的时候略微用力。这样一来，描图纸上的铅笔痕迹就会被转印到纸片或卡片上。

* 然后你就可以用剪刀把转印完成的图样剪下来了。

动动手

你知道吗？你的身体里有200多块骨头，其中一半的骨头都集中在你的双手和双脚上。

1. 将你不写字的那只手放在纸面上。

2. 用水笔或铅笔把手的轮廓仔细地描下来。

3. 根据右页的图解，在轮廓里画出你的骨头。先从手指画起。

不如再试着画一下你自己的脚？可以从网上搜索相关信息进行参考。你能把脚上的26块骨头都画出来吗？

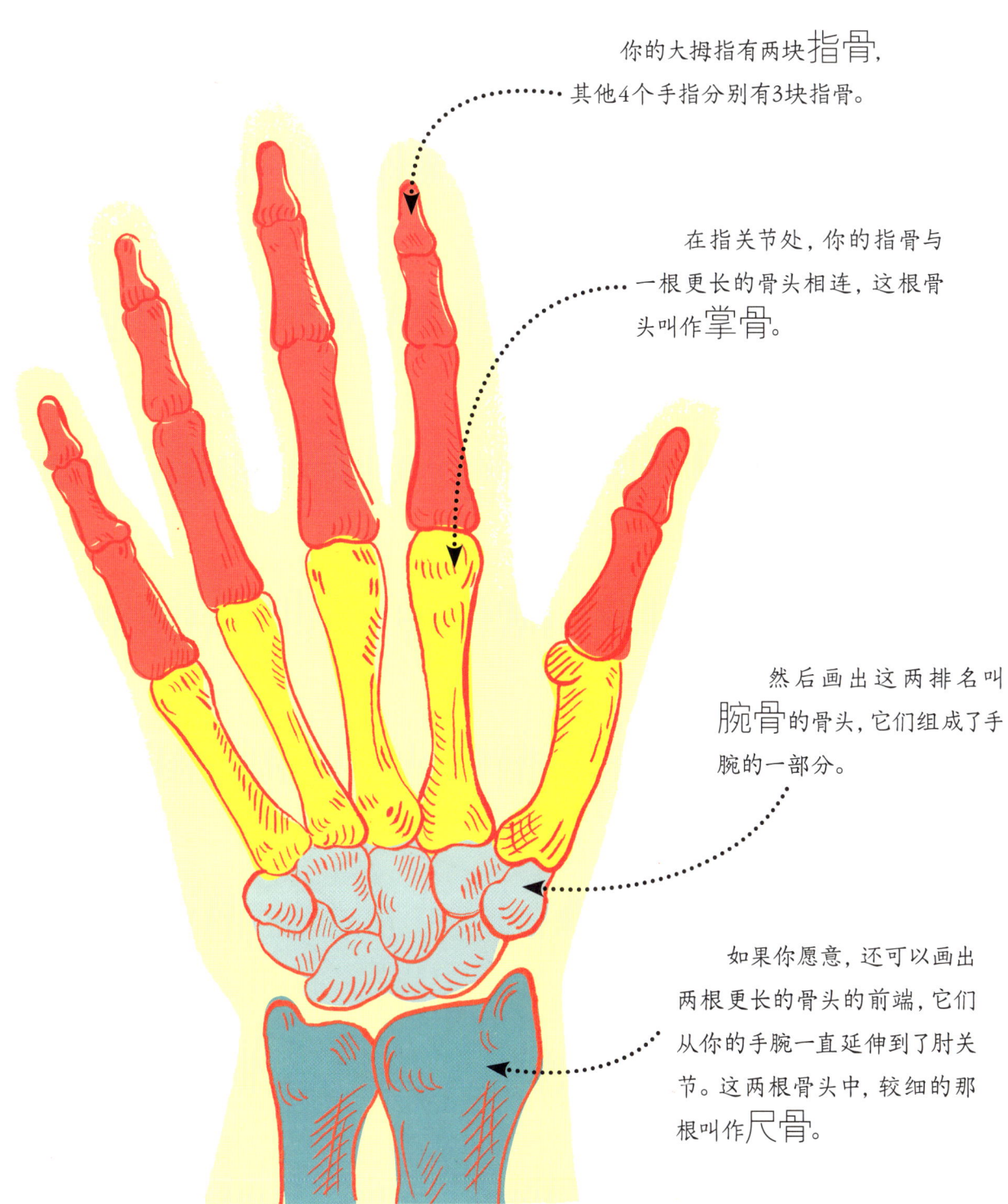

你的大拇指有两块指骨，其他4个手指分别有3块指骨。

在指关节处，你的指骨与一根更长的骨头相连，这根骨头叫作掌骨。

然后画出这两排名叫腕骨的骨头，它们组成了手腕的一部分。

如果你愿意，还可以画出两根更长的骨头的前端，它们从你的手腕一直延伸到了肘关节。这两根骨头中，较细的那根叫作尺骨。

你的每只手都是由27块骨头组成的，它们通过关节连成一体，形成了灵活自如的双手。你可以用手掌和手指做很多事，例如拔草、捡垃圾、拧瓶盖、握铅笔等等。

奇妙的花朵

花朵中包含着植物的雄性器官和雌性器官。当微小的花粉从花朵的雄性器官落到雌性器官上,就会产生新的种子。科学家们把这一过程叫作授粉。

根据花朵每部分对应的序号和颜色,为下面的花朵涂色。

柱头属于花朵的雌性器官,柱头上往往带有黏液,可以使花粉粘在上面。

花朵的雄性部分叫作雄蕊,由长长的花丝和位于花丝顶端的花药组成。

花药里含有花粉颗粒。

花瓣带有香气和鲜艳的色彩,用来吸引昆虫、小鸟和其他动物。

花粉会附着在动物的身体上,然后被动物从一朵花带到另一朵花上。

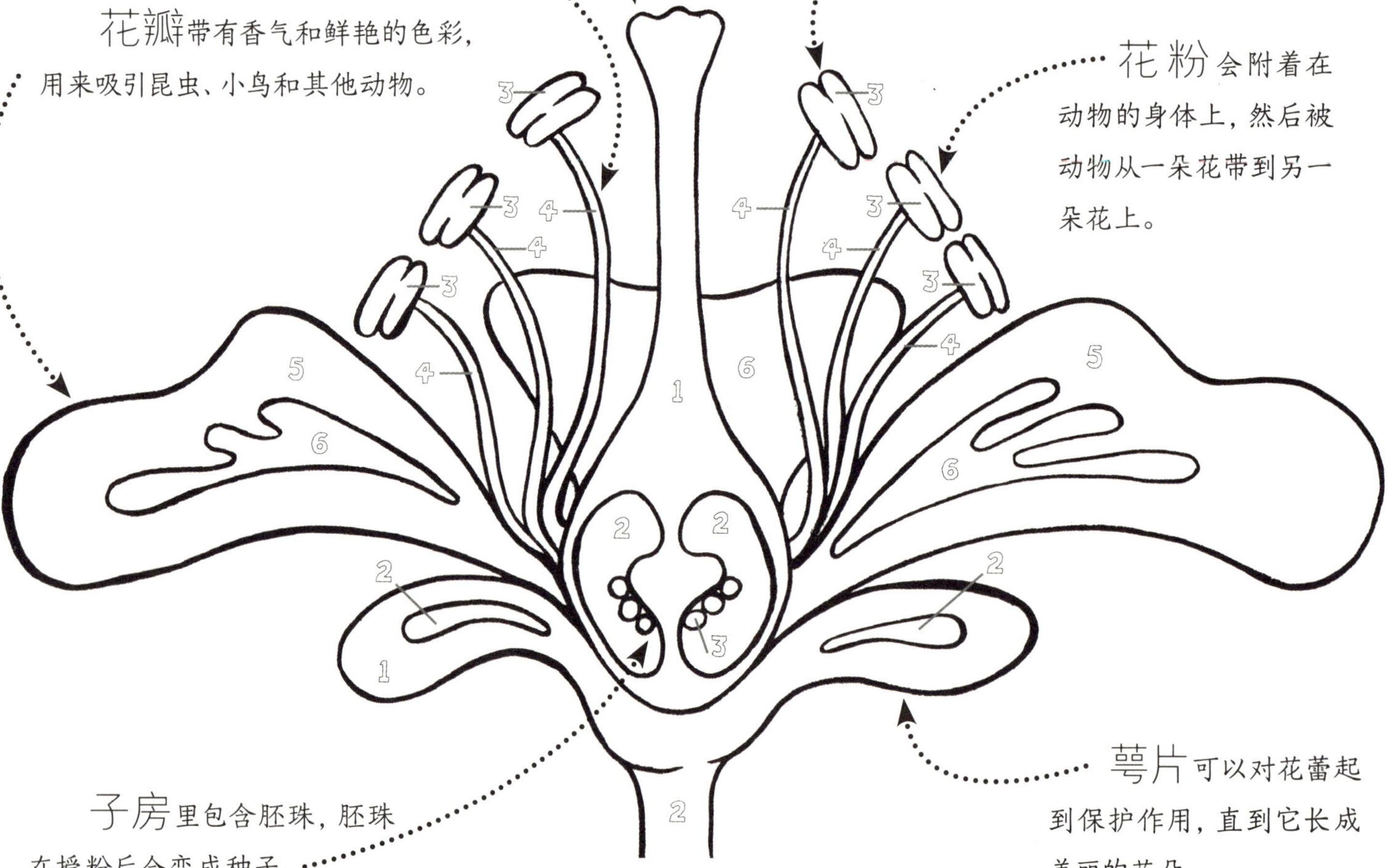

子房里包含胚珠,胚珠在授粉后会变成种子。

萼片可以对花蕾起到保护作用,直到它长成美丽的花朵。

1 =   2 =   3 =   4 =   5 =   6 =

鲜花盛开

花朵有着各种各样的形状、颜色和大小。有的花朵看起来像一只小喇叭或小铃铛,例如水仙花。也有些花朵的花瓣是完全向外绽放的,例如向日葵。

在你周围找一找不同形状的花朵,把它们画到下面的空白处。

再画一些嗡嗡飞舞的小蜜蜂吧。

加热

热量是能量的一种形式。给一个物体加热,就会使它具有更多的能量。

盘旋的蛇

热量总是向温度较低的地方传递,这就是暖气会让屋子暖和起来的原因。被暖气片加热的空气会上升,同时,温度较低的空气会跑过来填充热空气上升后留下的位置。这样就形成了一种叫作"对流"的空气流动模式。通过下面这条"盘旋的蛇",就可以看到对流运动的过程!

1. 将本书后面的蛇形图样复制或描到一张厚纸或薄卡片上,或者直接把书后面的蛇形图样剪下来使用。

2. 沿着蛇形图样的螺旋形虚线将它剪开,然后在蛇的头部系一条细线。

3. 将你的小蛇挂在发热的暖气上方,观察它是否旋转。

吸收还是反射？

物体可以吸收热量，从而变得更热。选一个阳光明媚的日子，把书翻到这两页，然后放置在阳光直射的地方，一个小时后再回来。你会发现其中一页摸上去比另一页更热。

黑色的页面吸收了来自太阳的能量，从而变得更热。较浅的颜色更善于反射太阳的光线。这也是在热带地区，很多房子的外墙和屋顶都被漆成白色的原因。

试着利用太阳的能量来进行艺术创作吧。用剪刀在一张纸上剪出一些形状,然后将这些形状摆在这个黑色的页面上,组成一个图案。将这一页摊开,放置在一个阳光直射的地方,时间越长越好。阳光中的紫外线会使页面上的化学颜料褪色,而那些被各种形状覆盖的部分仍然保持着原来的颜色!

错觉轮廓

我们眼睛看到的信息会被源源不断地输送到大脑，为了处理这些信息，大脑经常会对眼睛看到的东西进行猜测，不过有时候也会猜错。你可以通过某种方式欺骗你的大脑，让它看到一些实际上并不存在的形状，这就是"错觉轮廓"。

1. 用圆规和铅笔在本页标有"x"的位置画一个圆，大小与已经画好的这个圆相同。

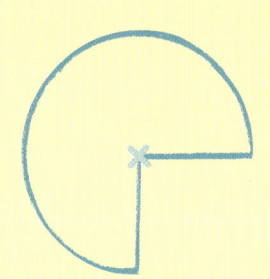

2. 按照下面的示例，用橡皮擦掉一部分圆弧，使你画出的每个圆都变成3/4圆，然后分别画两条线段，将剩余圆弧的两端与圆心连起来。

3. 用相同的颜色给所有的3/4圆涂色。这时你就会在这四个圆之间看到一个正方形轮廓——虽然你根本就没有画过正方形！

这是为什么呢？当你的眼睛看到这些3/4圆的时候，你的大脑会在这些残缺的圆上想象出一个正方形来，作为对这些残缺部分的一个最简单的解释。

示例：

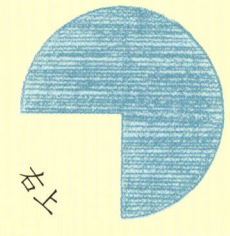

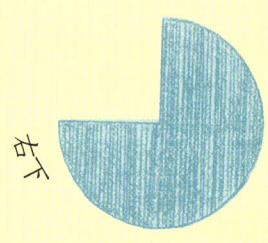

下面还有更多错觉轮廓的示例,是用不同的形状和颜色设计出来的。你能试着自己设计一个错觉轮廓吗?

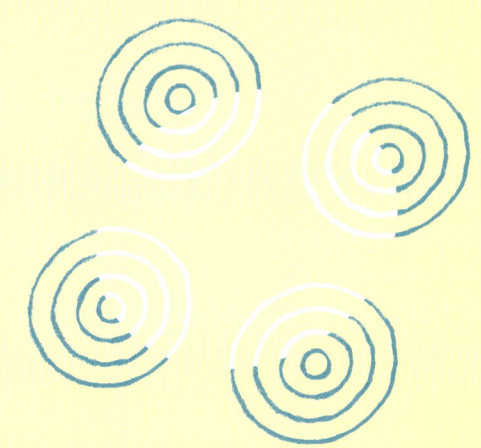

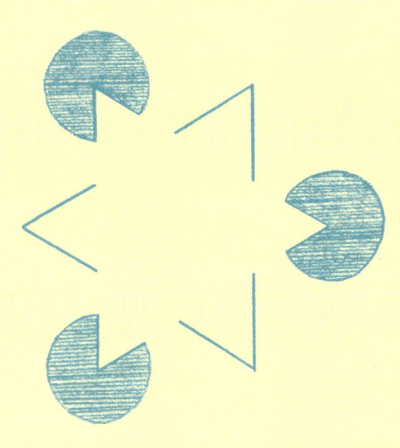

比比看

我们的大脑非常善于对形状的大小进行比较,不过它有时候也会出错,就像下面这些简单的错觉图显示的效果一样。

圆圈迷阵

用同一种颜色给下面所有还没涂色的圆圈涂色,注意选用的颜色要与中间的黄色不同。

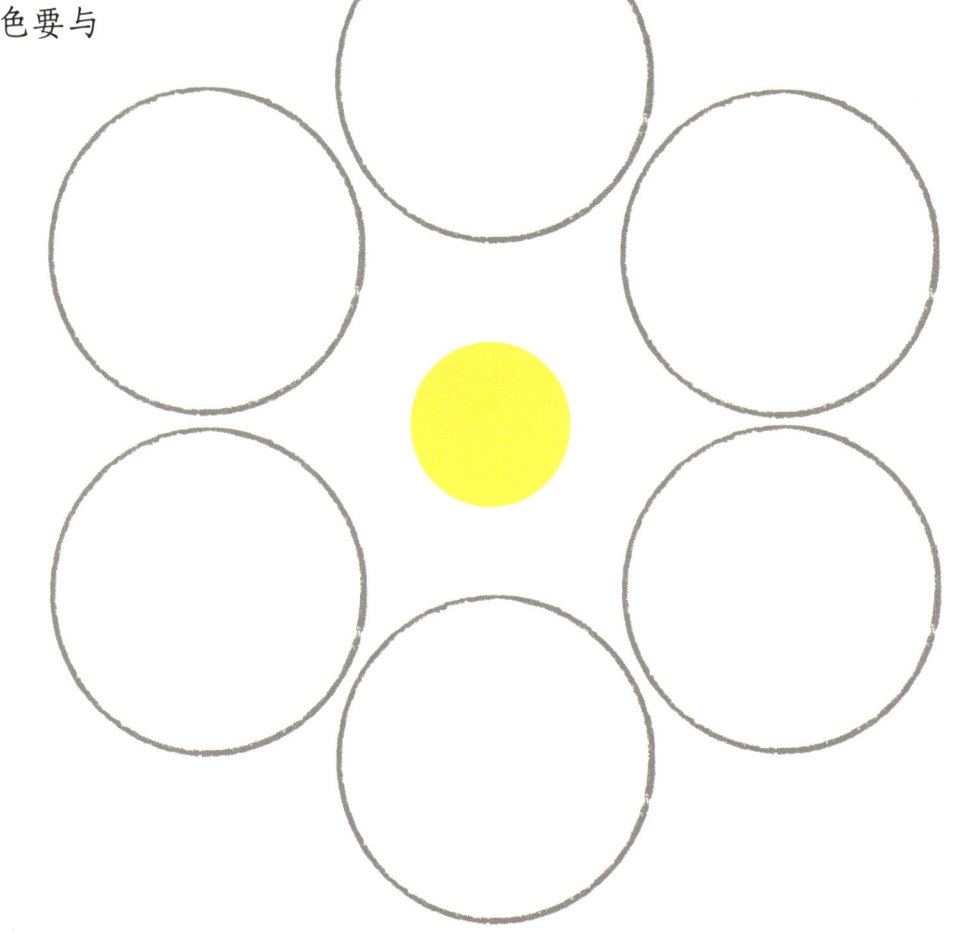

然后回答下面的问题:哪个黄色的圆圈更大?

其实这两个黄色的圆圈是一样大的。但是你的大脑会受到附近物体的干扰。因此,左边那些小圆圈会使夹在它们中间的黄色圆圈看起来更大。

哪条线更长?

1. 看一看,页面右侧有两条横线。在上面的横线两端分别画一条箭头形状的折线。

2. 在下面的横线两端分别画一条箭头朝内的折线。

下面这条横线是不是看起来更长?但如果你用直尺量一下,就会发现这两条横线的长度其实是完全一样的。

长度错觉

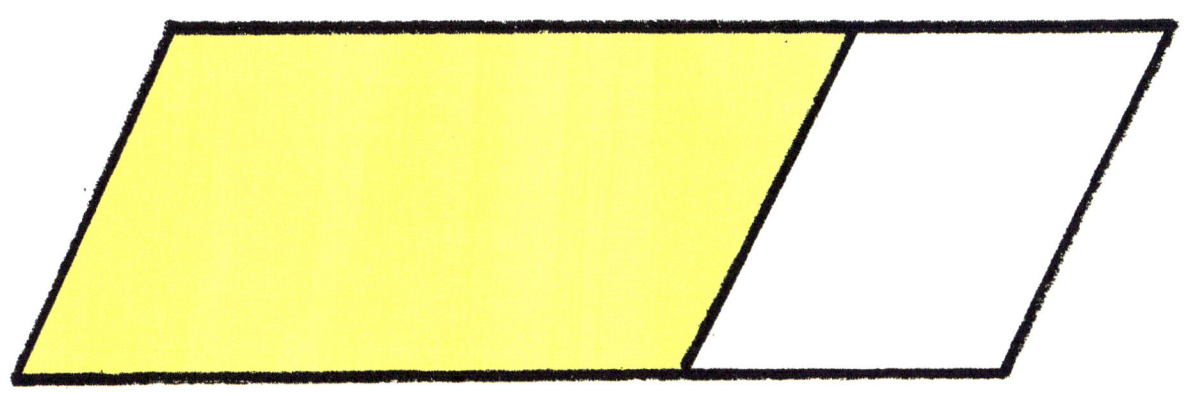

1. 用蓝色的线条将黄色图形的左上角和右下角连起来。

2. 用红色的线条将空白图形的左下角和右上角连起来。

哪条线更长?是蓝色的还是红色的?很多人会说蓝色的线更长。你可以用直尺测量一下,因为你知道它们有可能是一样长的。

深色或浅色

通过前面的内容我们可以知道，物体周围的图形会对我们的大脑造成干扰。在这一页里，你会发现物体周围的颜色也会对大脑的判断造成干扰。

颜色错觉

1. 找一支亮橙色的水彩笔，将上图用虚线标出的6个矩形区域仔细涂上颜色。

2. 涂完之后，观察一下这幅图。你会觉得左边的橙色条纹好像比右边的橙色条纹颜色要浅……但其实你知道，它们的颜色是相同的。毕竟这是你亲自涂的颜色！

当你观察这些橙色条纹时，橙色条纹上方和下方颜色的深浅会对你大脑的判断造成影响。

红色方块

找一支削好的红色铅笔,将下面两个大方块中所有的白色小方块涂成红色。

你可以在第72页找到完成后的错觉图。

你看到了什么?虽然它们是用同一支红色铅笔涂出来的,但下面那组红色方块受到了周围颜色的干扰,颜色看起来变得更深了。**真是太神奇了!**

视觉

你的眼睛是如何看到东西的?

光线通过一个透明的保护层——角膜进入你的眼睛,然后进入一个小孔——瞳孔。之后,光线穿过像纽扣一样的晶状体,它可以将光线聚焦到眼睛后面的视网膜上。视网膜上有一些特殊的细胞,叫作"视杆"和"视锥",它们会对光线做出反应,并通过视神经将信号发送给大脑。

晶状体会将它接收到的图像上下颠倒后投射到视网膜上。你的大脑会将颠倒的图像调整为正确的方向。

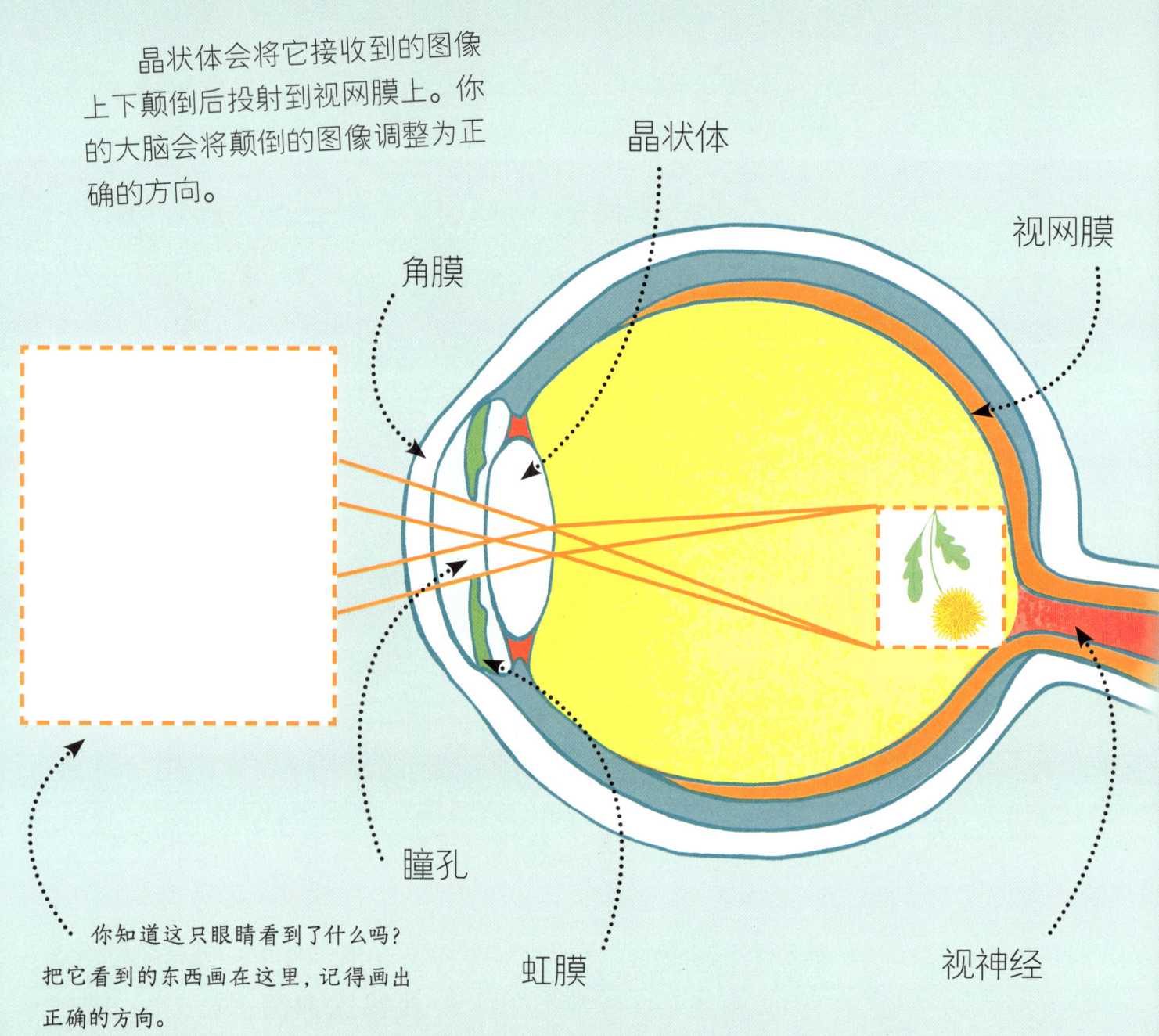

你知道这只眼睛看到了什么吗?把它看到的东西画在这里,记得画出正确的方向。

消失的兔子

1. 用铅笔在右侧圆点的上方画一只小兔子,尺寸尽量小一些,宽度和高度都不超过1.5cm,然后将它涂成黑色或灰色。

2. 把书拿起来,竖直地举到面前,胳膊伸直,闭上左眼,用右眼盯着红色的"×"。

3. 然后把书慢慢地拉近,让它逐渐靠近你的右眼。你会发现,小兔子消失了!

当小兔子的图像被晶状体投射到你眼睛的"盲点"上时,它就会消失。这个盲点是你的视神经与眼睛的连接处,这里没有视杆和视锥,所以你看不到任何东西。

神奇的瞳孔

当周围环境变黑或变暗时,你眼睛里那个叫作"瞳孔"的小孔就会变大,从而让更多的光线进入眼睛。瞳孔的大小是由一块名叫"虹膜"的肌肉控制的,也就是瞳孔四周带颜色的部分。

残留影像

当你的眼睛不再注视一个图像时,但还有可能会看到它的一些残留影像。接下来你可以制作一些能够引起残留影像的错觉图,它甚至还能让你看到残留的颜色。神奇吧!

你眼里的苹果

1. 用一支颜色鲜亮的浅蓝色水笔给这个苹果(果实部分)涂色,给苹果的叶子涂成亮粉色。

2. 盯着它看45秒钟。尽量用眼睛牢牢地盯着它看,不要让眼珠转来转去。

3. 将目光移到一张白纸上。

你看到了什么?

一个带着绿色叶子的红苹果。

为什么会这样呢?

你眼睛后面有一些特殊的细胞(叫作"视杆"和"视锥"),它们会对接收到的不同颜色进行处理。当你长时间盯着同一个颜色观看时,它们就会感到疲劳,这时候它们周围的其他细胞就会向大脑发送视觉信号,不过这些视觉信号里的颜色与实际颜色是相反的(参见"互补色")。

互补色

用水彩笔为下面这面米字旗涂色。

将8个三角形涂成亮黄色。

将剩余的白色区域涂成浅蓝色。

涂好颜色之后,盯着它观察45秒钟,然后将目光移到一张白纸上。

这时你会看到这面米字旗变成了由红、白、蓝三种颜色构成的一面真正的英国国旗。

明明涂成黄色的三角形为什么看起来变成了蓝色,而涂成浅蓝色的地方变成了红色?

科学家们把这些存在对应关系的颜色称为"互补色",它们在色环上总是处在相对的位置。

在残留影像里,你看到的颜色都是你之前盯着看的颜色的互补色。

你可以根据这个色环来设计自己的残留影像图,可以是国旗,也可以是其他图像。

颜色制造器

用这些神奇的黑白色转盘变出各种颜色吧！贝纳姆转盘是由英国的一个名叫查尔斯·贝纳姆的玩具商人设计的。在100多年前，他设计和出售了带有类似图案的玩具陀螺。

1. 将右页的圆形图样和上面的图案描到一张空白卡片上，也可以直接使用本书后面的图样。如果你打算自己描图，可以徒手或用圆规画出图样上的图案。

2. 将这些圆盘剪下来。在成年人的帮助下，在每个圆盘的中心位置戳一个小洞。

3. 用一截短小的铅笔头从小洞里穿进去，形成一个简单的陀螺。

4. 转动陀螺，仔细观察。当它旋转的时候，大多数人会在圆盘上看到浅浅的蓝色、棕色、黄色等颜色。

试着旋转不同的陀螺，看看能否看到不同的颜色。

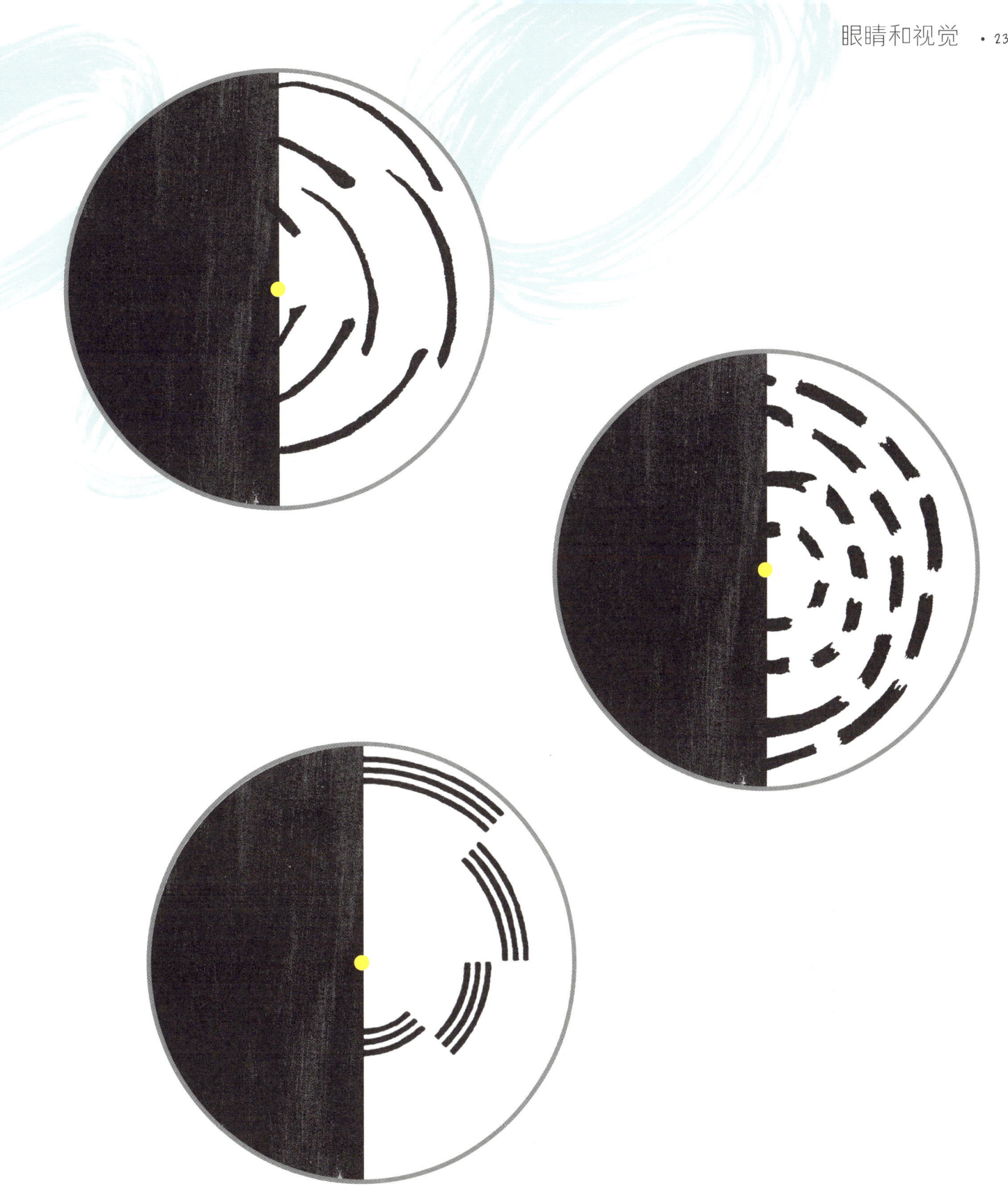

科学家们知道很多奥秘,不过目前他们还不太清楚产生这种效果的原因。有的人认为这可能是我们眼睛中用来感知颜色的三种不同类型的视锥细胞造成的。当陀螺旋转时,盘面上条纹的运动速度略有不同,这或许是我们可以看到好几条彩色痕迹的原因。

转盘高手

在英国的维多利亚时代，幻影转盘（Thaumatrope）是一种简单却深受人们喜爱的玩具。它的名字源于古希腊语，意思是"奇观翻转者"。当你将它翻转得足够快时，转盘正面和背面的两个图案就会合二为一，组成一个新的图案。神奇吧！

1. 找一张白色的厚卡片，将右页的转盘图样描到卡片的正反两面。也可以直接使用本书后面提供的图样，并给它们涂上颜色。注意要让反面图案的方向与正面图案保持一致哟。

2. 在成年人的帮助下，将标有黄点的位置分别戳一个小洞，然后用一根松紧带或橡皮筋从两个洞里穿过去。如果想用细线代替松紧带或橡皮筋，也是可以的。

3. 双手拨捻松紧带，让卡片转动起来，你就会看到它上面的两个图案组合成了一个图案！

你也可以将两个图案复印下来，然后剪下来，贴到一张硬卡片上。

它的原理是什么？

进入你眼睛的图像会发生短暂的停留。科学家们把这种现象叫作"视觉暂留"。当我们快速翻转幻影转盘时，它的两个图案会同时停留在我们眼中，当停留的时间足够长时，我们就会看到一个合并的图案。

现在，试着设计你自己的幻影转盘吧！

你可以把一条鱼放进鱼缸，把一只蜘蛛放到一张网上，也可以给一张人脸添加眼镜或胡须，或者发挥创意设计出其他图案。除了这些，你也可以使用文字。试着把你的姓名按照单字或笔画拆开，写在卡片的正反两面，当你翻转它时，就能拼出你完整的名字。

画一套迷你动画

在上一页，我们知道了视觉暂留是如何让两个图案在你的大脑中合二为一的。动画利用的也是这个原理。动画就是依次展示一系列的图案，相邻两个图案之间只有很小的差别。当快速展示这些图案时，你的眼睛和大脑就会把这一系列的图案看成是一个动态的图像。

你可以制作一套简单的系列图片，当你翻动时，就可以形成你自己的迷你动画。

1. 将右页上的图案描到一张白纸上，也可以直接使用本书后面的图样。然后将这些图片剪下来。

2. 按照图片上的序号，从小到大依次排好顺序，1号在最上面，20号在最下面。要确保这些图片的底边对齐，然后用小夹子从卡片上方把它们夹在一起。

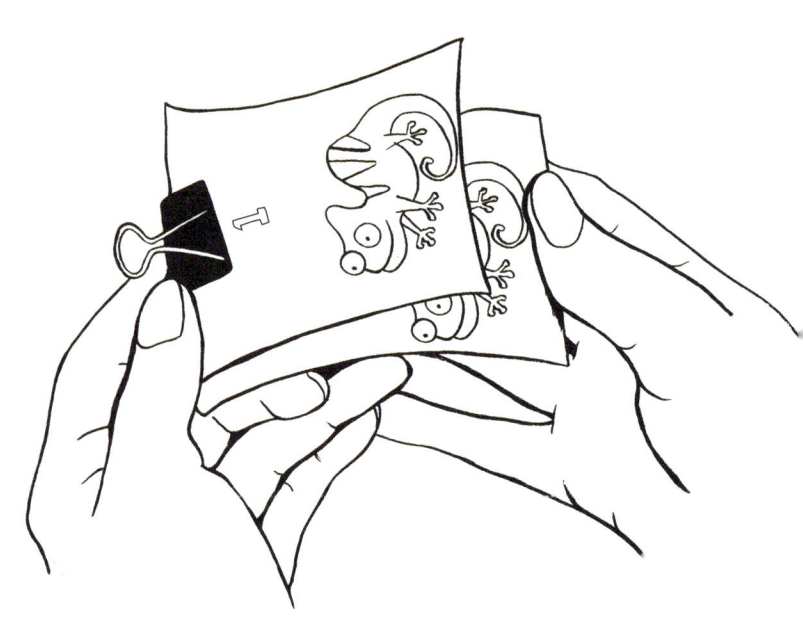

用一只手捏在这沓图片的上方，再用另一只手的拇指翻动这些图片。你制作的迷你动画是不是动起来了？

试着制作时间更长的迷你动画吧！剪出20~30张10cm×10cm的正方形纸片，然后将它们整齐地夹在一起。你的动画是从第一张图片上的图案开始的。在绘制图案时，确保后一张与前一张之间有细小的差别。可以先从简单的图案画起，比如火柴人的动作。

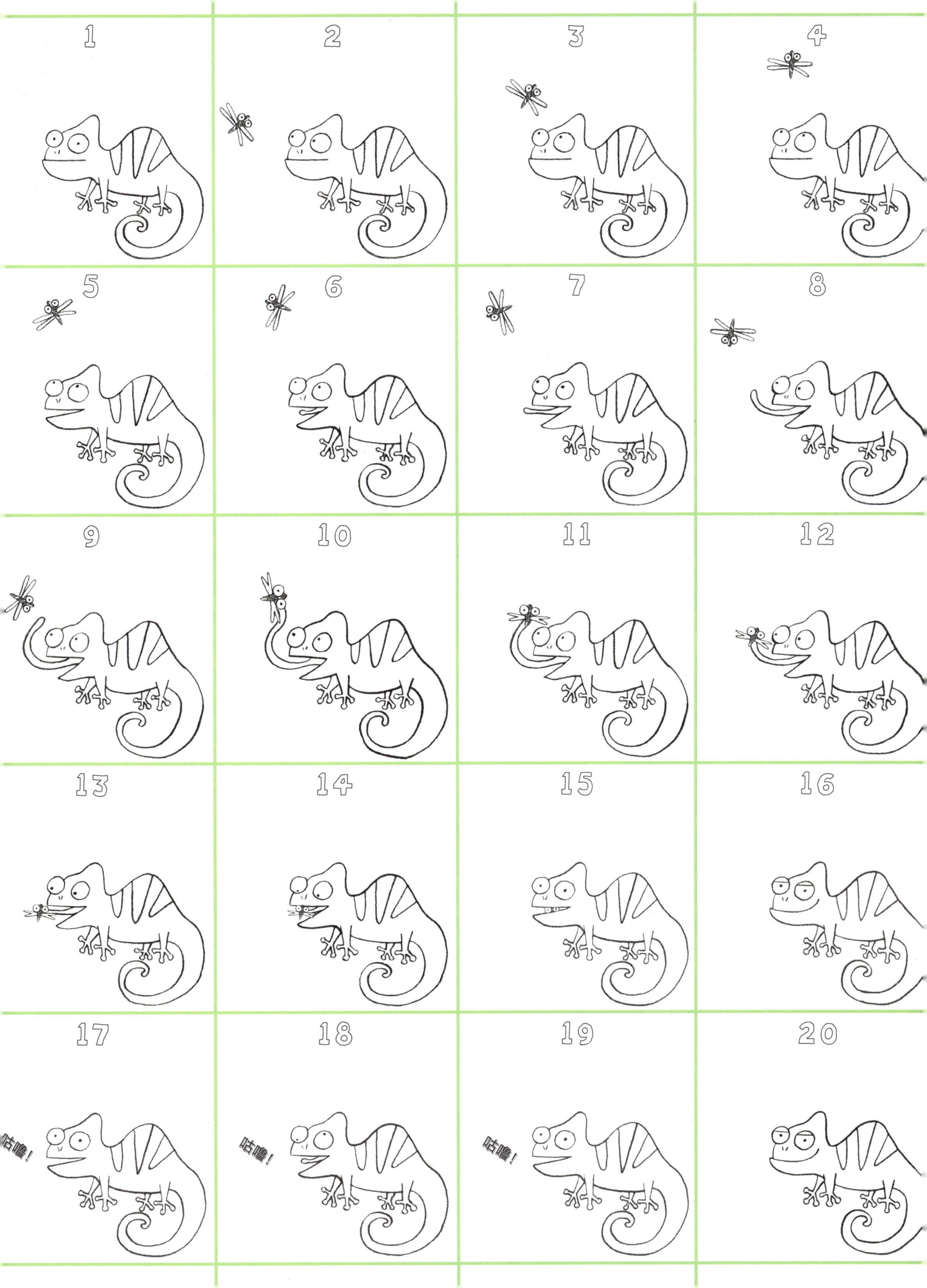

动态错觉

动态错觉图实际上是一幅静态的图像，只不过它看起来好像是在动。科学家们认为，当我们来回扫视面前的图案时，眼睛的焦点会前后移动，动态错觉就是这样产生的。

完成后的错觉图参见第72页。

移动的圆

1. 找一支精细的黑色水笔或削得很尖的黑色铅笔，将圆圈中所有的灰色矩形区域涂成黑色。

2. 将这幅图平放在桌子上，用眼睛盯着它看，看的时候可以轻微地摇一摇头。你会看到圆圈在背景上轻微地移动，同时背景条纹也在轻轻地滑动。哇！

转动的圆环

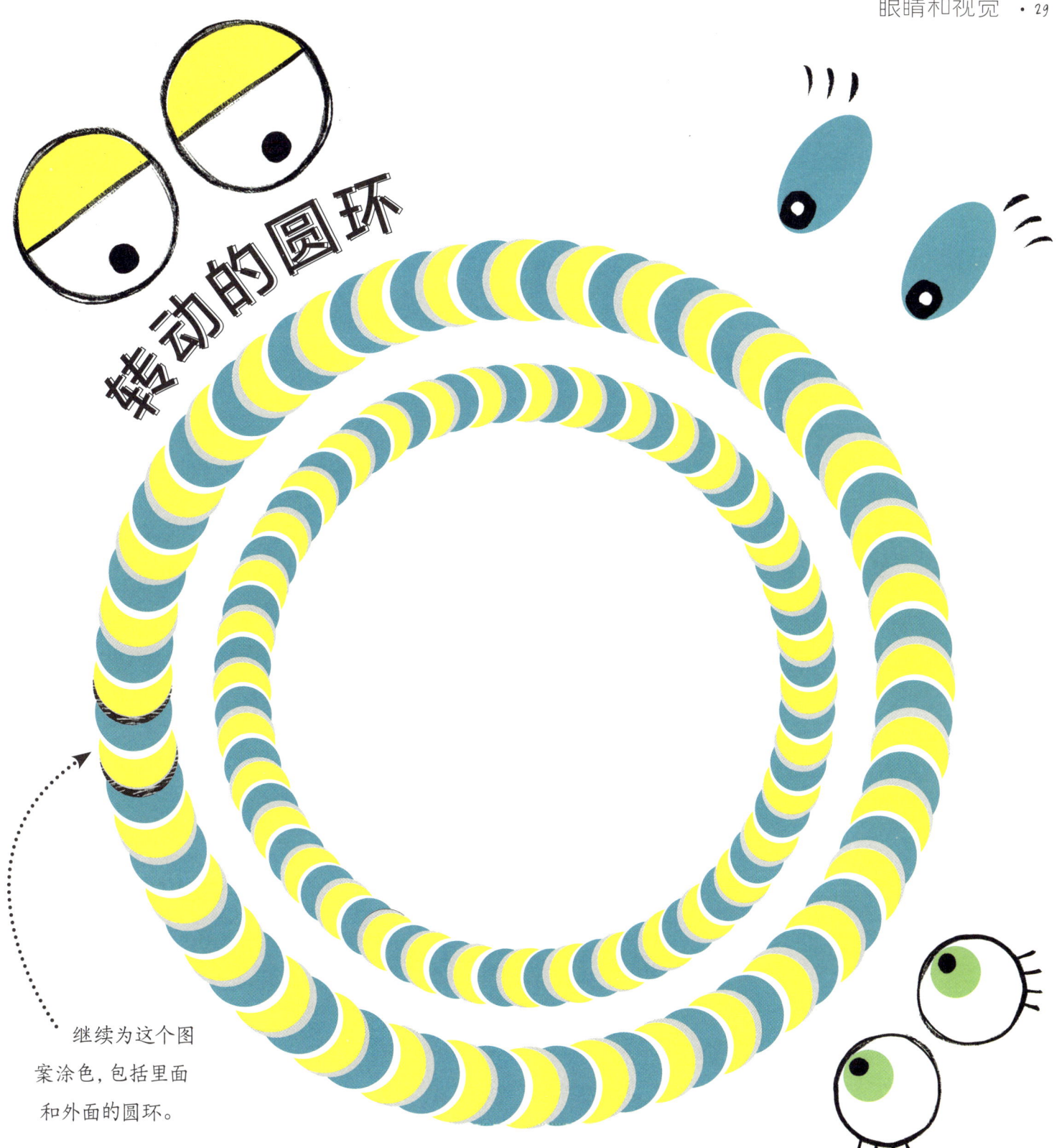

继续为这个图案涂色,包括里面和外面的圆环。

1. 找一支精细的黑色水笔或削得很尖的黑色铅笔,将两个圆环上所有灰色的月牙形区域涂成黑色。

2. 涂完后,盯着这幅图看,看的时候眼珠可以轻轻转动。大部分人会发现这两个圆环似乎转了起来,就好像在朝着相反的方向转动。

完成后的错觉图参见第73页。

光的奥秘

光是能量的一种形式，它是由多种不同的颜色组成的，这些颜色被称为"色谱"。光沿着直线传播，而且传播速度非常快——每秒30万千米！

当光线照射到一个物体时，其中一些颜色被物体吸收了，另一些颜色则会被反射出去，这些被反射出去的颜色就是你眼睛所看到的物体的颜色！

左边的这些颜色都被柠檬吸收了……

但黄色光被反射了回来，从而使柠檬看起来是黄色的。

来自太阳的白光是由色谱中的不同颜色的光混合而成的。当这些光线穿过空气中的小水滴时，就会发生折射，光线中的各种颜色就会被分离出来，从而形成一道彩虹！

按照顺序为下面的光带涂色：红色、橙色、黄色、绿色、蓝色、靛蓝色（深蓝色）和紫色。

制作一个彩色转盘

我们已经知道白光可以分解为不同颜色的光。而通过下面这个漂亮的转盘，你就可以将这些颜色再次组合成白色了！

1. 将这个圆盘描到一张白色的薄卡片上，然后用色谱中的不同颜色给它涂色，也可以直接使用书后面的图样。

2. 在成年人的帮助下，把这个圆盘剪下来。可以在圆心处戳一个小洞，用一小截铅笔从洞中穿过；也可以在圆心附近戳两个小洞，用一条长一些的橡皮筋、松紧带或者细线从这两个小洞中穿过。

3. 平稳迅速地转动转盘，转盘上的颜色就会变得时隐时现，看上去变成了白色。真是太神奇了！

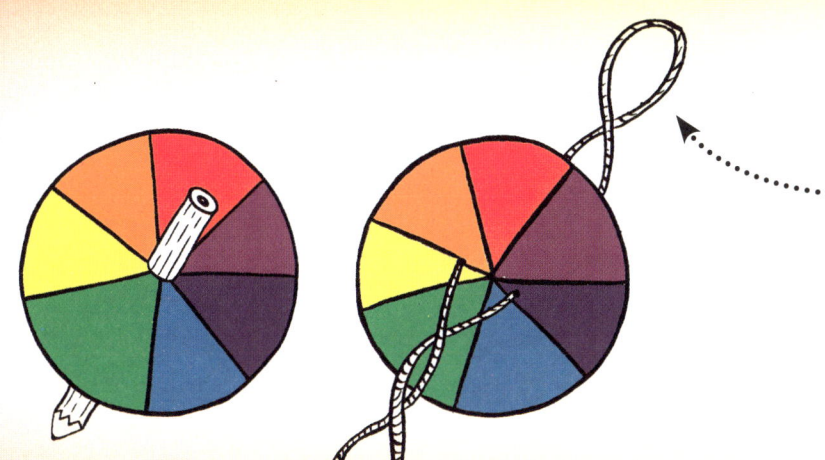

用你的食指套进橡皮筋的两端，用手转动转盘，让橡皮筋扭在一起。然后迅速将橡皮筋拉紧，就可以让转盘旋转起来！

镜面反射

镜子是一种表面十分光滑的物品,可以使照射到它表面的光线几乎完全被反射出去。很多东西都可以当作镜子使用,比如经过打磨抛光的金属表面,或者一只大勺子的背面!

哈哈镜

1. 找一只汤勺或盛饭用的勺子,越大越好。将勺子的背面贴近你的脸。

2. 你能把看到的图像画到右边的画框里吗?

勺子的背面能够反射出你的肖像,不过由于它的表面是弯曲不平的,所以你的肖像也被扭曲了。而很多镜子的表面都是非常平整的,这样就可以尽量避免在反射时发生扭曲。

镜像

当你正对着一面镜子时,你的眼睛看到的是被它直接反射回来的光线。这时你在镜子里看到的就是自己的镜像,它看起来和你一模一样,只不过是左右颠倒的。

这是一幅未完成的画像,请你利用镜像原理把它补充完整。

1. 找一面镜子,将镜子的边缘放在画面的虚线处,然后把镜子竖起来,镜面朝向左侧的人物画像。如果你是左撇子,那么在完成另一半画像时会觉得更容易。

2. 观察镜子里的图像,然后将看到的镜像画在镜子右侧的空白处。

镜像迷踪

试着利用镜像描绘出五角星的形状,这可以锻炼大脑反应和手眼协调能力。

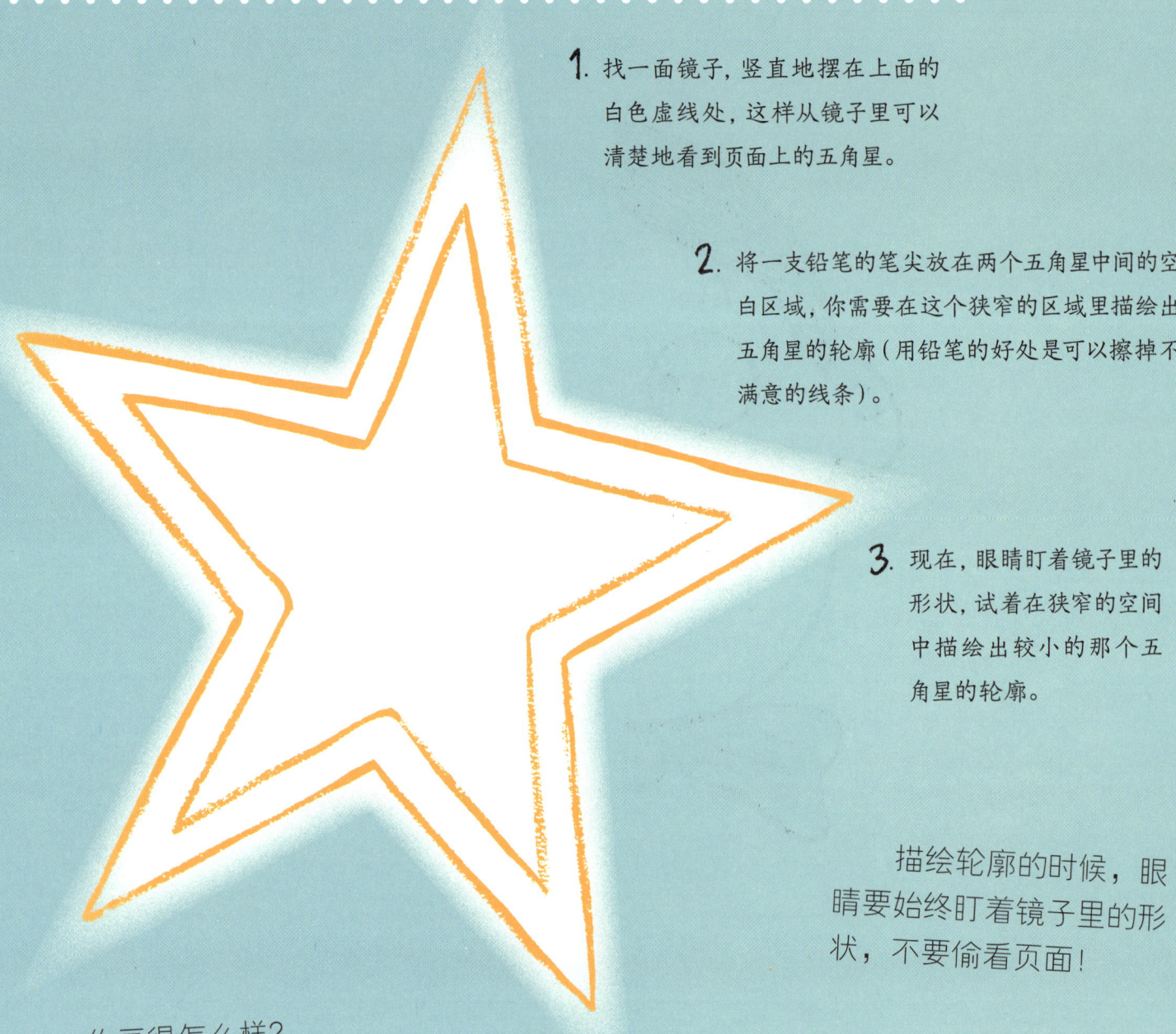

1. 找一面镜子,竖直地摆在上面的白色虚线处,这样从镜子里可以清楚地看到页面上的五角星。

2. 将一支铅笔的笔尖放在两个五角星中间的空白区域,你需要在这个狭窄的区域里描绘出五角星的轮廓(用铅笔的好处是可以擦掉不满意的线条)。

3. 现在,眼睛盯着镜子里的形状,试着在狭窄的空间中描绘出较小的那个五角星的轮廓。

描绘轮廓的时候,眼睛要始终盯着镜子里的形状,不要偷看页面!

你画得怎么样?

很多人都发现自己出错了,特别是在拐弯的地方。这是因为你的大脑接收到的信号与平时接收到的不同。镜子把页面上的形状翻转或对调了,因此,页面上五角星的顶端在镜子里变成了底端,左侧在镜子里变成了右侧。刚开始你可能会觉得很难,不过你的大脑很快就会掌握这个诀窍,画起来也就变得更加得心应手了。

镜面反射

调整镜子摆放的角度，就可以把照射到镜面的光线以不同的角度反射出去。潜望镜、望远镜和某些照相机就利用了这种原理。

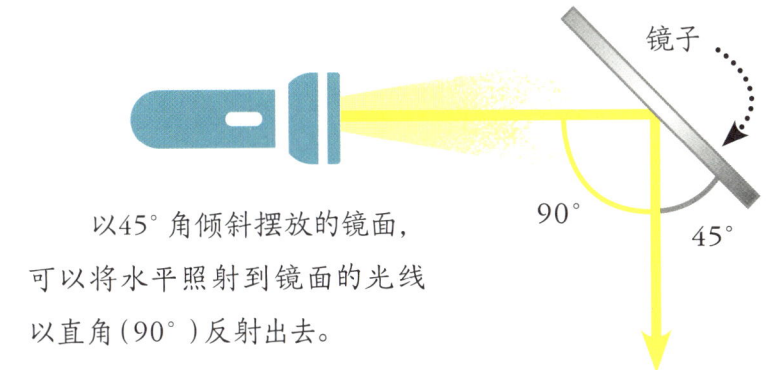

以45°角倾斜摆放的镜面，可以将水平照射到镜面的光线以直角（90°）反射出去。

下面这个迷宫里摆放了很多镜子，可以将光线沿着不同的方向反射出去。迷宫左边射出了三束光线，经过镜子的多次反射，最终穿越迷宫，到达了各自的目的地。你能将每束光线的反射路线描绘出来吗？

先从蓝色光线开始画起吧。

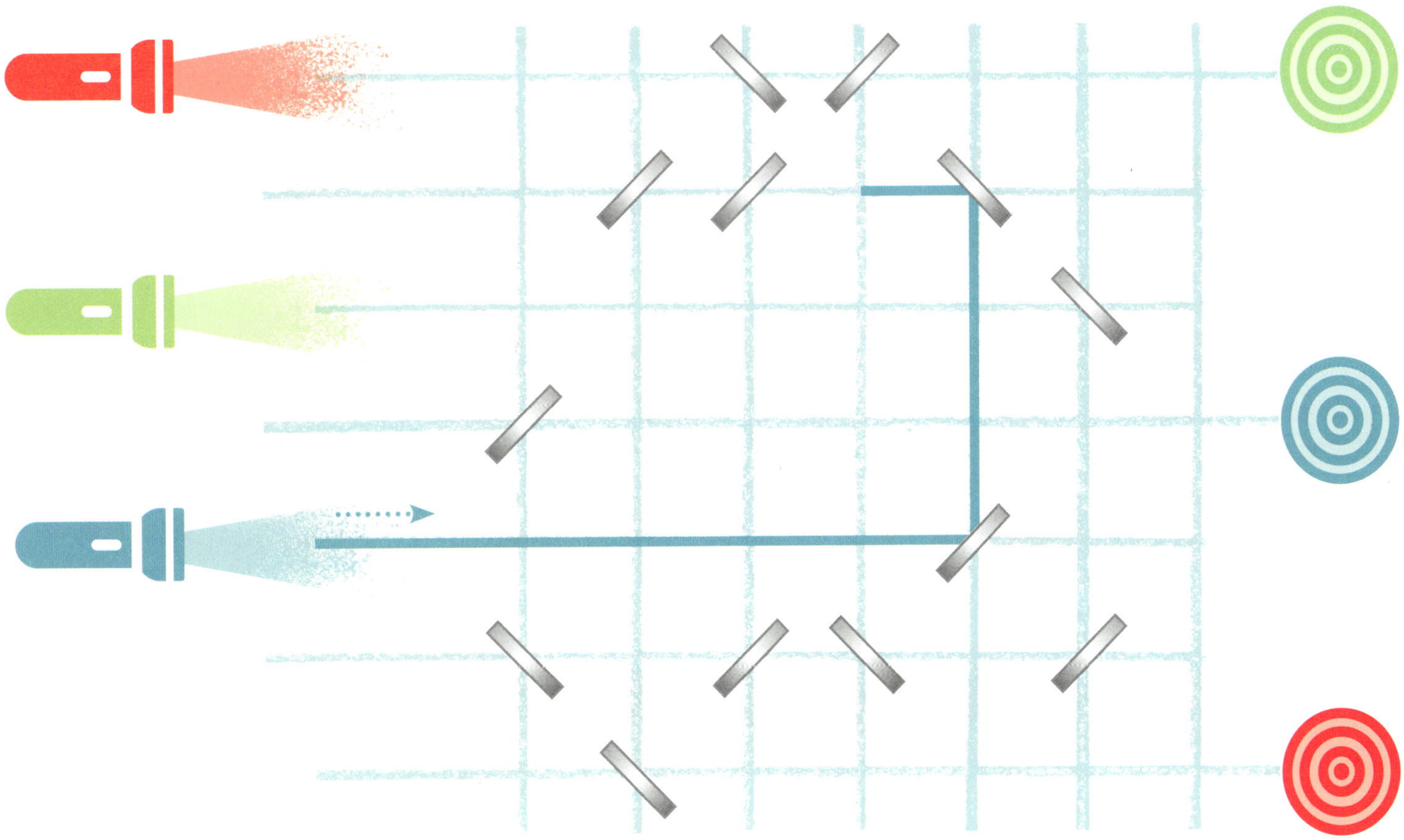

注意！ 光线每次照射到迷宫里的镜面时，都会以90°方向反射出去。

参考答案见第73页。

近距离观察昆虫

地球上有上百万种不同类型的昆虫,包括蟑螂、甲虫、蟋蟀、苍蝇、蚂蚁、蜜蜂等,比其他任何生物的种类都要多。昆虫的体形有大有小,从最小的身长只有0.5mm的萤火虫,到翼幅可达18cm的巨型蜻蜓,差异非常明显。

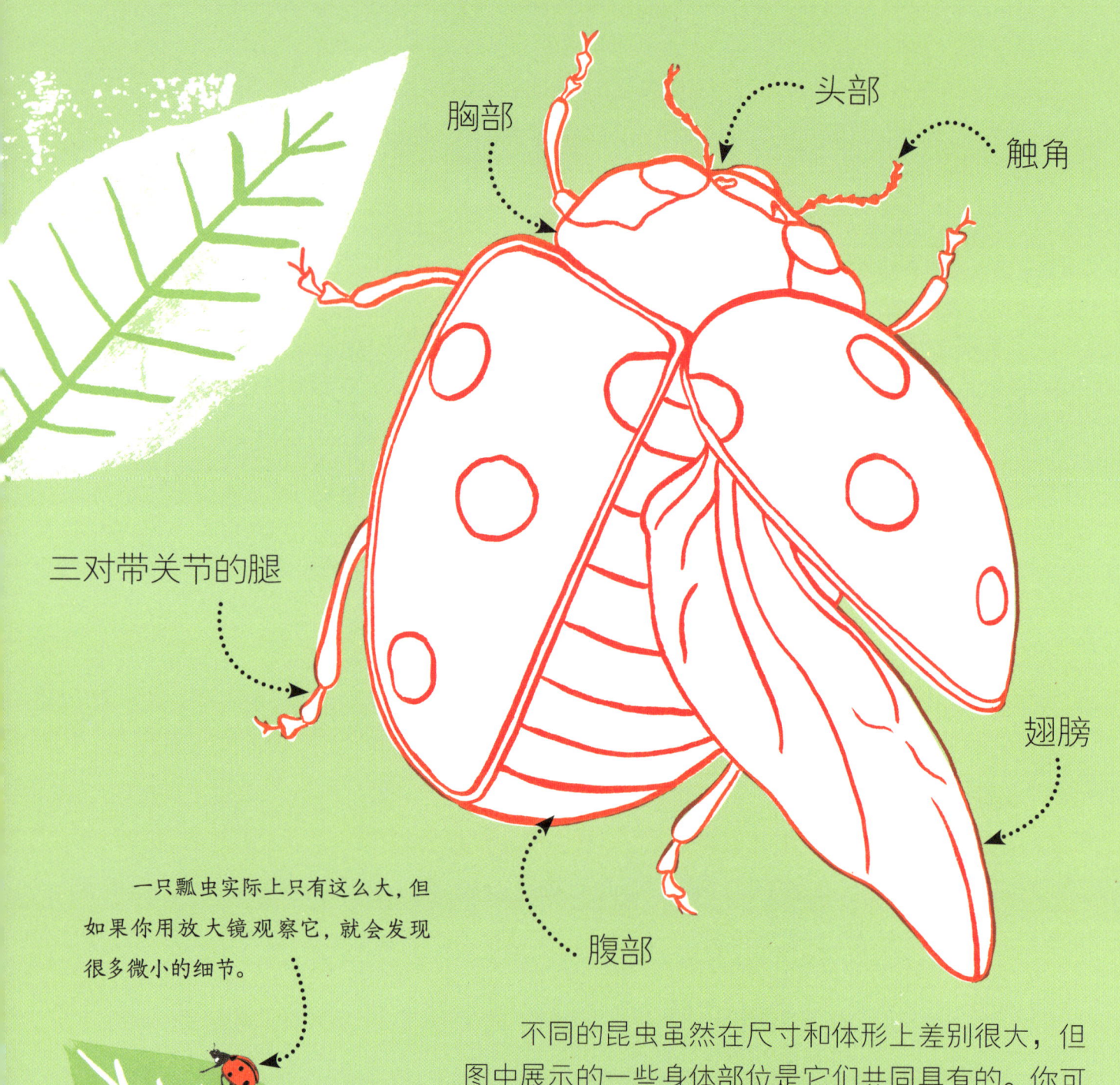

- 胸部
- 头部
- 触角
- 三对带关节的腿
- 翅膀
- 腹部

一只瓢虫实际上只有这么大,但如果你用放大镜观察它,就会发现很多微小的细节。

不同的昆虫虽然在尺寸和体形上差别很大,但图中展示的一些身体部位是它们共同具有的。你可以给这只瓢虫涂色,将翅膀上的斑点、胸部、头部和腿涂成黑色。

蜘蛛

蜘蛛不是昆虫！它们属于蛛形纲动物。与昆虫不同的是，蜘蛛没有翅膀，腿的数量也不是6条，而是8条。而且，很多蜘蛛有8只眼睛！它们的腹部末端还有一种特殊的器官，可以吐出丝线。下面图中的这种墨西哥红膝蜘蛛可以达到15cm长。它通常以昆虫为食，有时候也会捕食小型鸟类和蜥蜴。

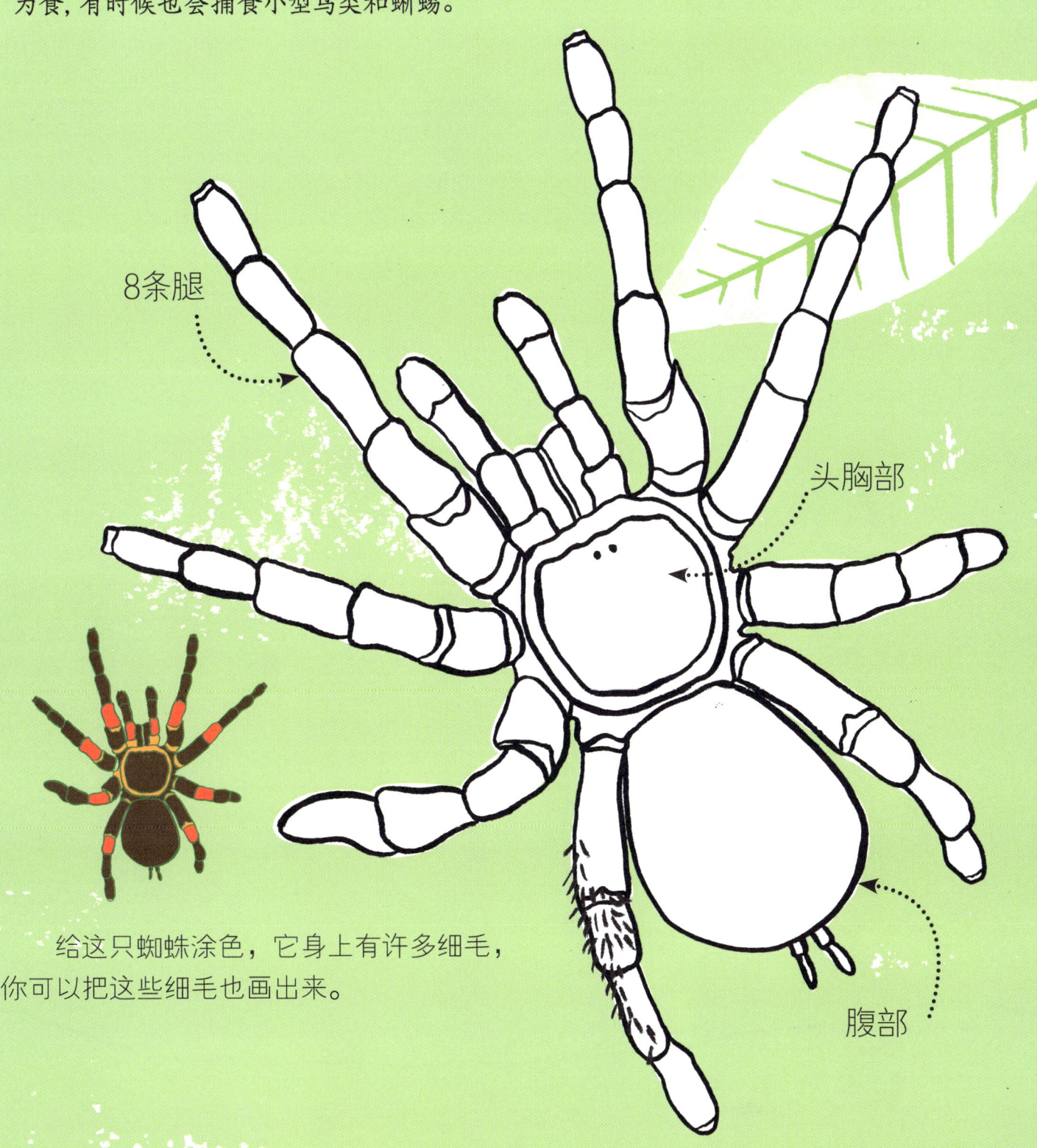

8条腿

头胸部

腹部

给这只蜘蛛涂色，它身上有许多细毛，你可以把这些细毛也画出来。

观测月球

月球绕着地球旋转,它旋转的路线叫作"轨道"。和地球一样,在太阳的照耀下,月球上一半是白天,一半是黑夜。

当月球围绕着地球旋转时,我们在地球上看到的月面大小是不断变化的。它们被称为"月相",不同的月相都有专门的名称。

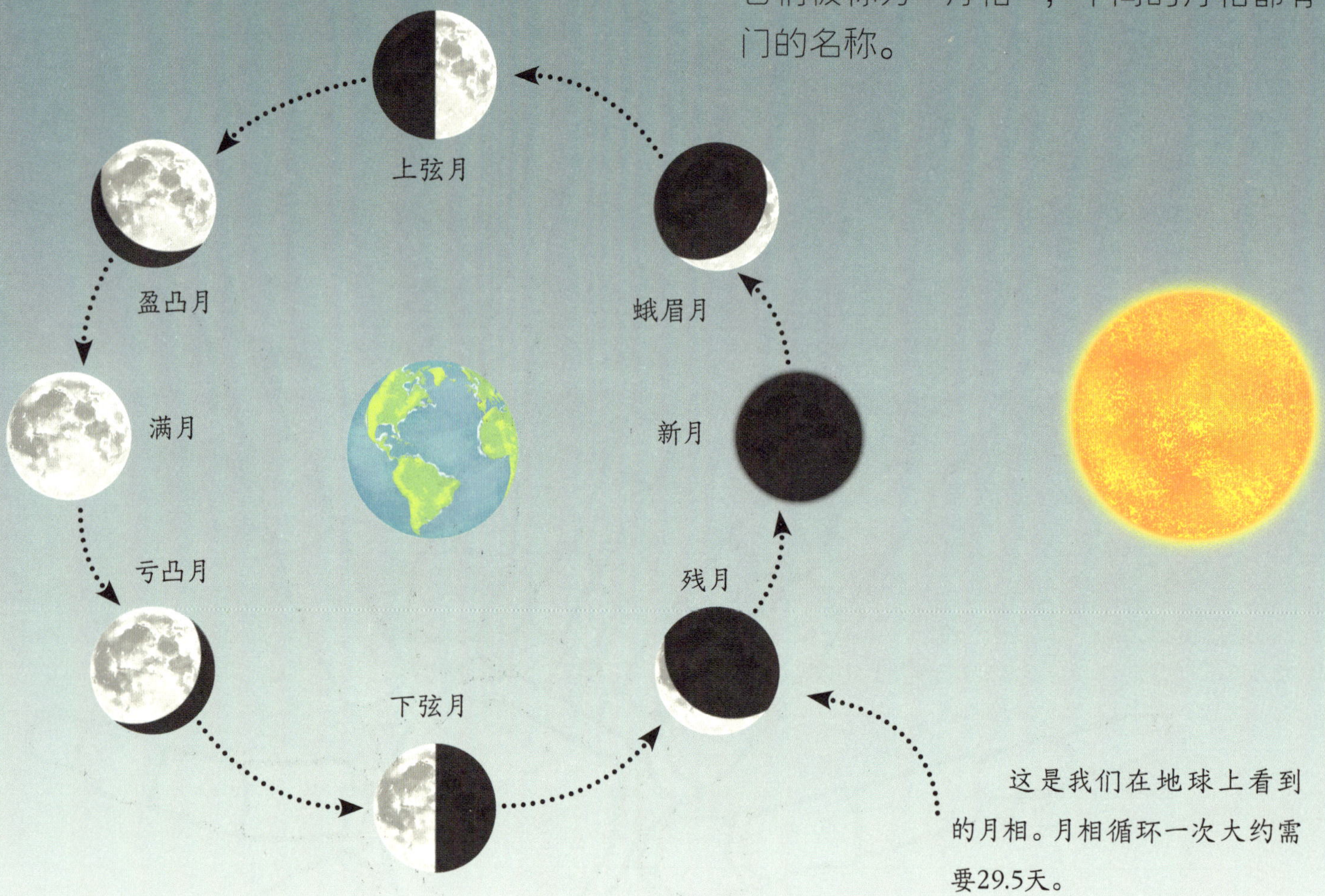

上弦月
盈凸月
满月
亏凸月
下弦月
残月
新月
蛾眉月

这是我们在地球上看到的月相。月相循环一次大约需要29.5天。

目前只有12个人登上过月球,他们都是宇航员。在1969年到1972年之间,宇航员们先后乘坐阿波罗号宇宙飞船登上了月球。未来的登月飞船会是什么样子的呢?在这里画出你自己的登月飞船吧,记得添上一面国旗。

月相变化图

每隔2~3天观察一下天空中的月亮,坚持观察一个月,并把你看到的月相记录到下面的月相变化图中。

找一支黑笔,把你看不见的月球部分涂成黑色。

在这里写上观察日期。

月球上的重力大约是地球上的1/6。这就意味着,如果你在地球上能跳1米高,那么你在月球上就能跳6米高!

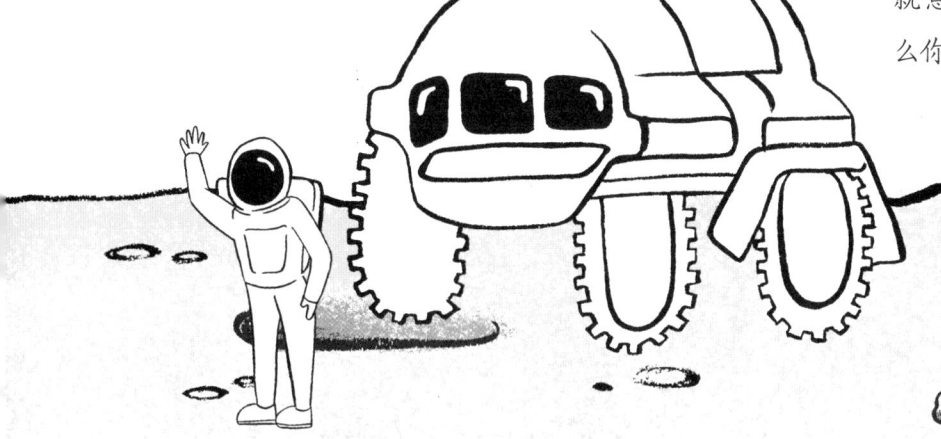
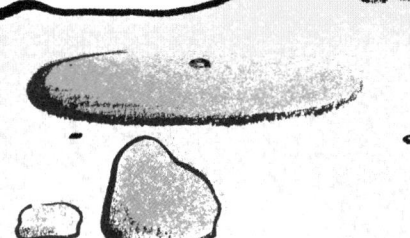

星座

找一个晴朗的夜晚，在不受城市灯光干扰的地方，你可以看到2000多颗星星。不过，还有更多的星星是肉眼看不到的。星座，是指夜空中组成了某些形状的一群星星。当然，这些形状都是人们想象出来的。人们通常以动物、器具，或是古代神话传说中的人物给星座命名。

将下面的星星连起来，组成一幅著名的星座图。

猎户座

猎户座看上去像一个左手拿盾、右手挥剑的人，它是根据古希腊神话中一个名叫奥利温的猎人而命名的。

恒星是一种巨大的、温度超高的球状天体，它们不停地释放着大量的光和热量。这些光以每秒300,000千米的速度在宇宙中传播。

距离我们最近的恒星是太阳，和其他很多恒星相比，太阳是非常小的。在猎户座中，有一颗名叫"参宿四"的恒星，它的体积要比太阳大700倍以上！

太空&宇宙 • 41

大熊座

在大熊座中，包含着一个特殊的形状，它是由七颗星星构成的，名叫"北斗七星"。

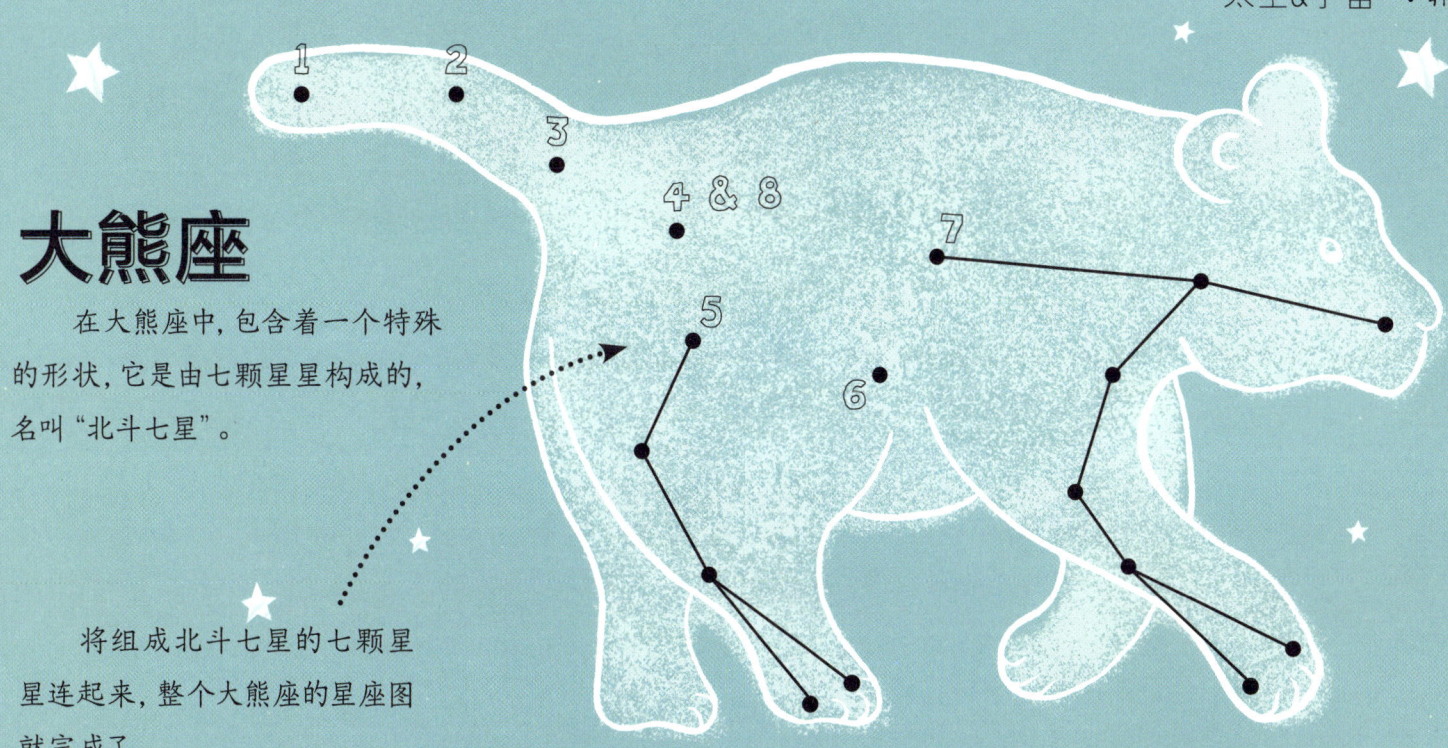

将组成北斗七星的七颗星星连起来，整个大熊座的星座图就完成了。

创造你自己的星座

从下面的星星中找出一些，将它们连起来，创造出你自己的星座。你的星座组成了什么形状呢？给它起个名字吧！

距离太阳最近的恒星是半人马座α星。如果驾驶一艘速度为28,000千米/小时的宇宙飞船，大概需要165,000年才能从地球飞到那颗星星上。

活动骨架

让我们来制作一个可以活动的人体骨骼模型——也就是你身体内的骨架。

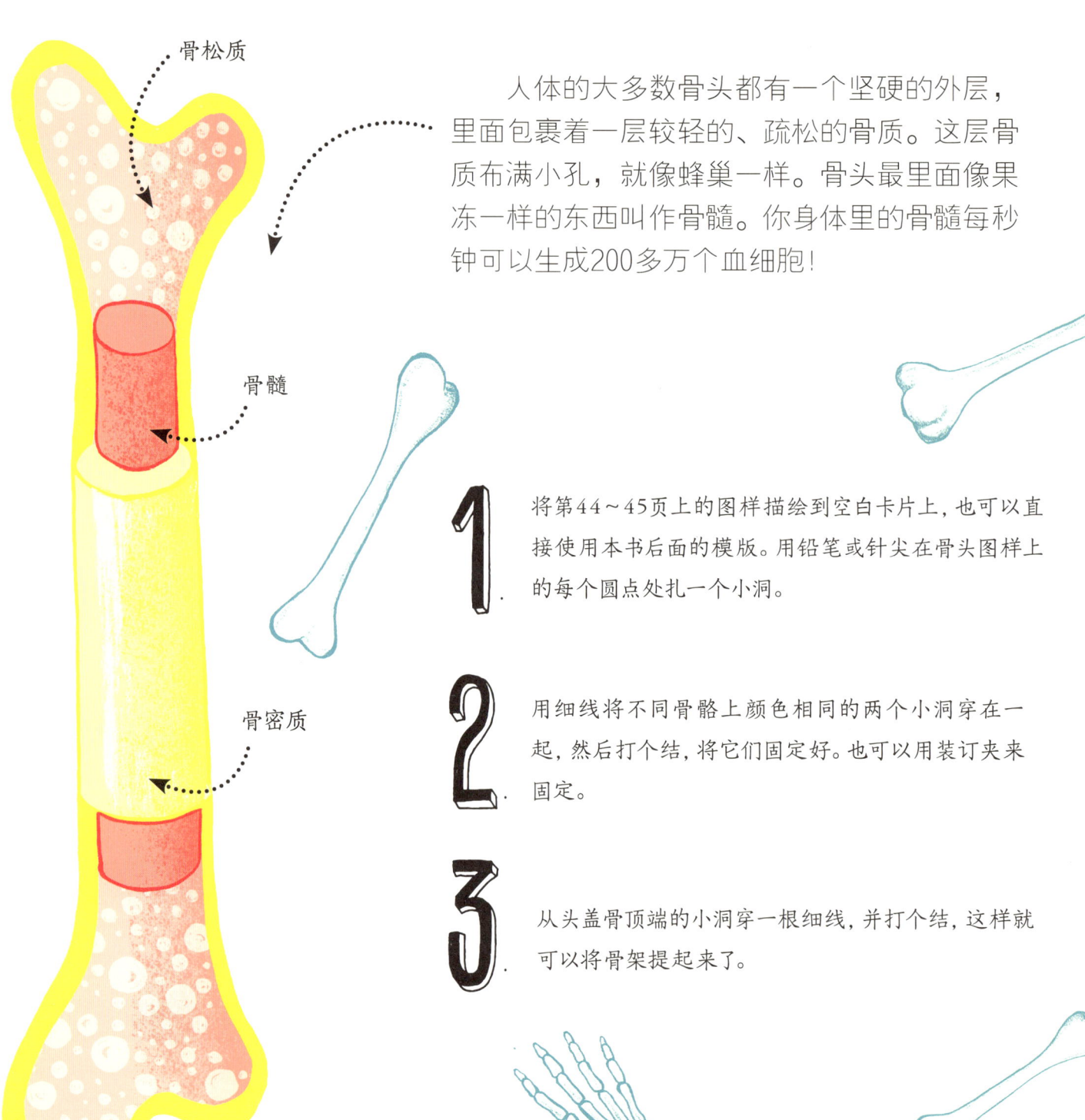

骨松质

骨髓

骨密质

人体的大多数骨头都有一个坚硬的外层，里面包裹着一层较轻的、疏松的骨质。这层骨质布满小孔，就像蜂巢一样。骨头最里面像果冻一样的东西叫作骨髓。你身体里的骨髓每秒钟可以生成200多万个血细胞！

1. 将第44~45页上的图样描绘到空白卡片上，也可以直接使用本书后面的模版。用铅笔或针尖在骨头图样上的每个圆点处扎一个小洞。

2. 用细线将不同骨骼上颜色相同的两个小洞穿在一起，然后打个结，将它们固定好。也可以用装订夹来固定。

3. 从头盖骨顶端的小洞穿一根细线，并打个结，这样就可以将骨架提起来了。

人体 • 43

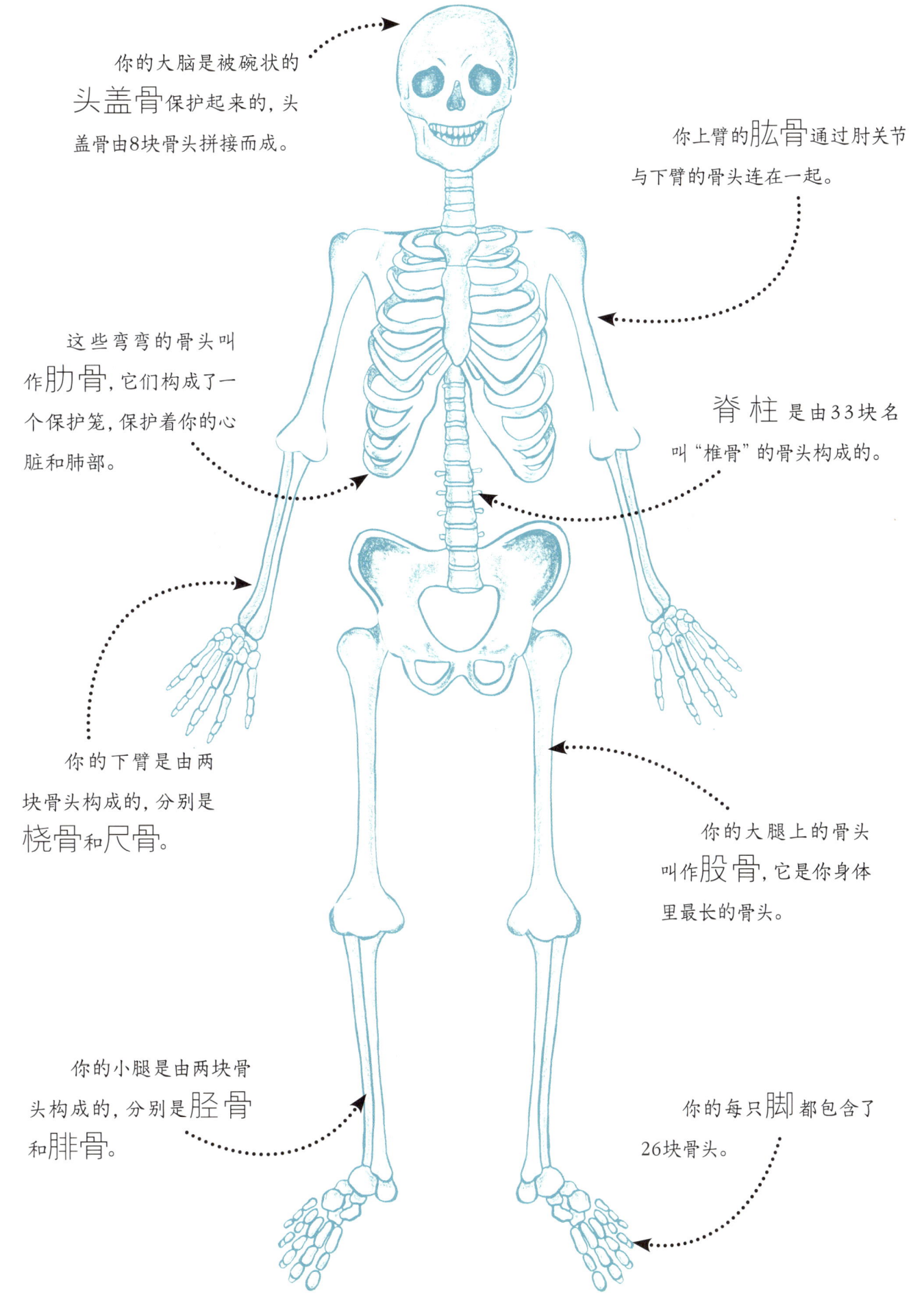

你的大脑是被碗状的**头盖骨**保护起来的,头盖骨由8块骨头拼接而成。

你上臂的**肱骨**通过肘关节与下臂的骨头连在一起。

这些弯弯的骨头叫作**肋骨**,它们构成了一个保护笼,保护着你的心脏和肺部。

脊柱是由33块名叫"椎骨"的骨头构成的。

你的下臂是由两块骨头构成的,分别是**桡骨和尺骨**。

你的大腿上的骨头叫作**股骨**,它是你身体里最长的骨头。

你的小腿是由两块骨头构成的,分别是**胫骨和腓骨**。

你的每只**脚**都包含了26块骨头。

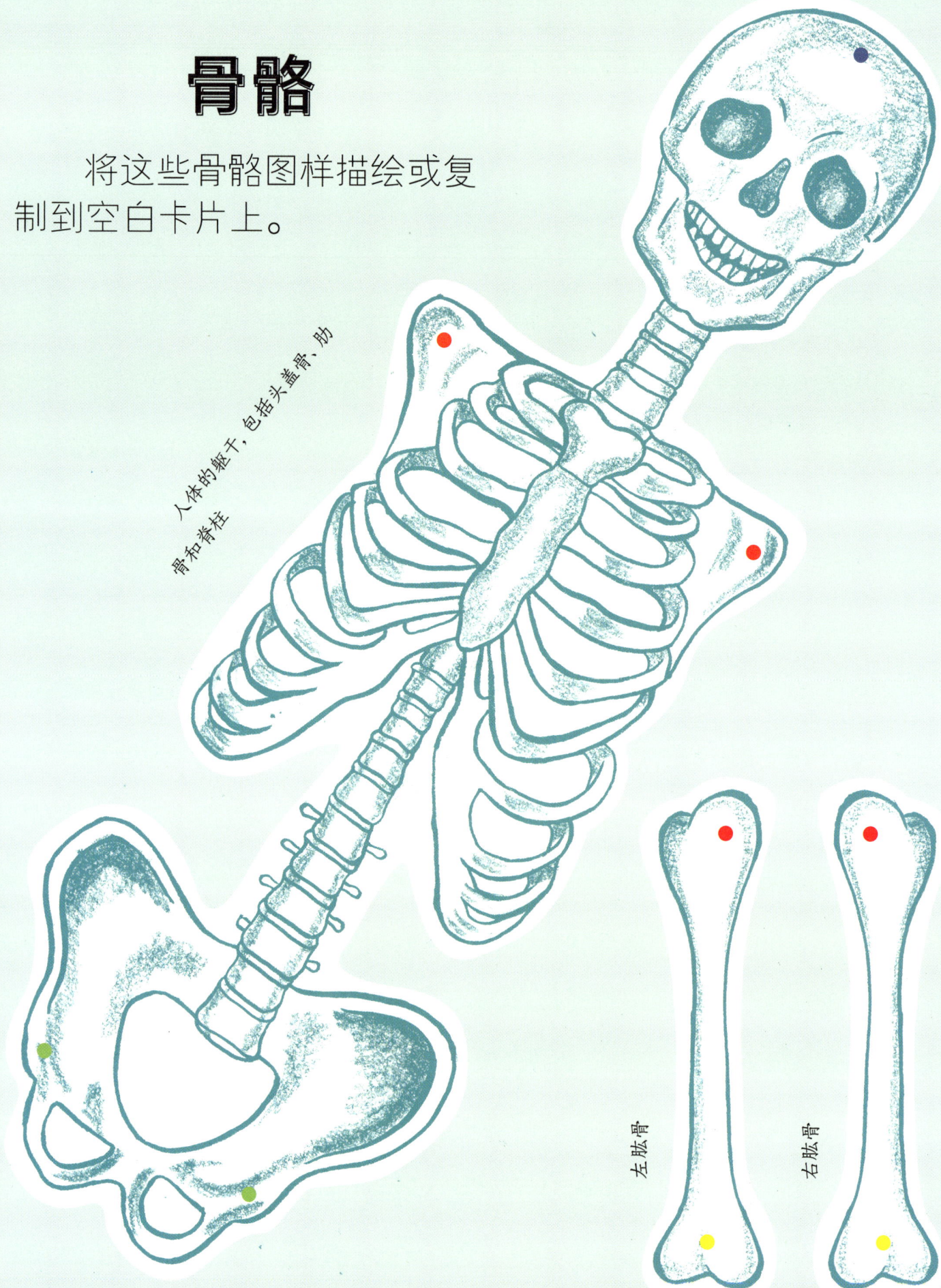

骨骼

将这些骨骼图样描绘或复制到空白卡片上。

人体的躯干,包括头盖骨、肋骨和脊柱

左肱骨　右肱骨

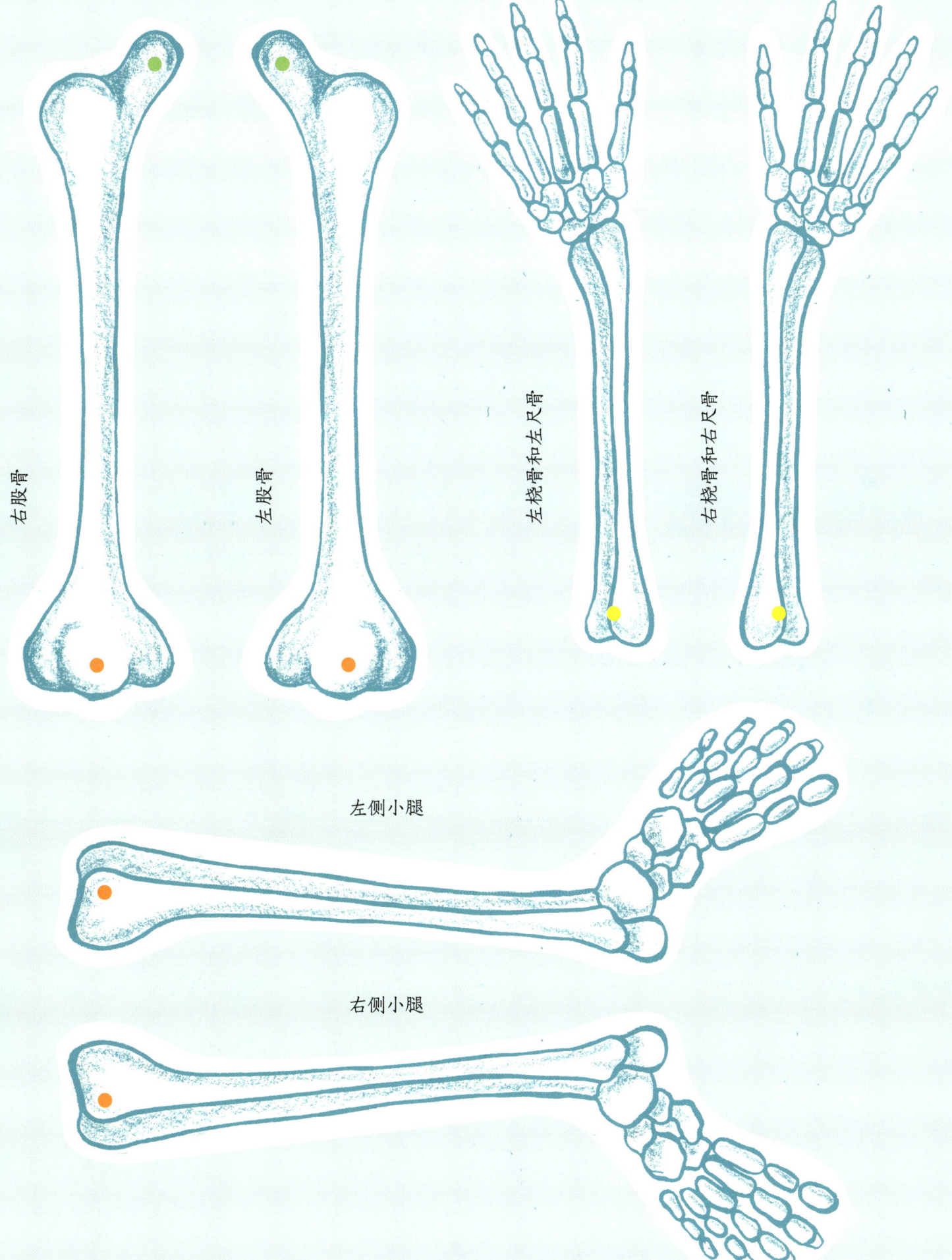

貌似变弯的直线

通过下面这幅错觉图，你可以让直线变弯，或是让它们看上去变得倾斜。

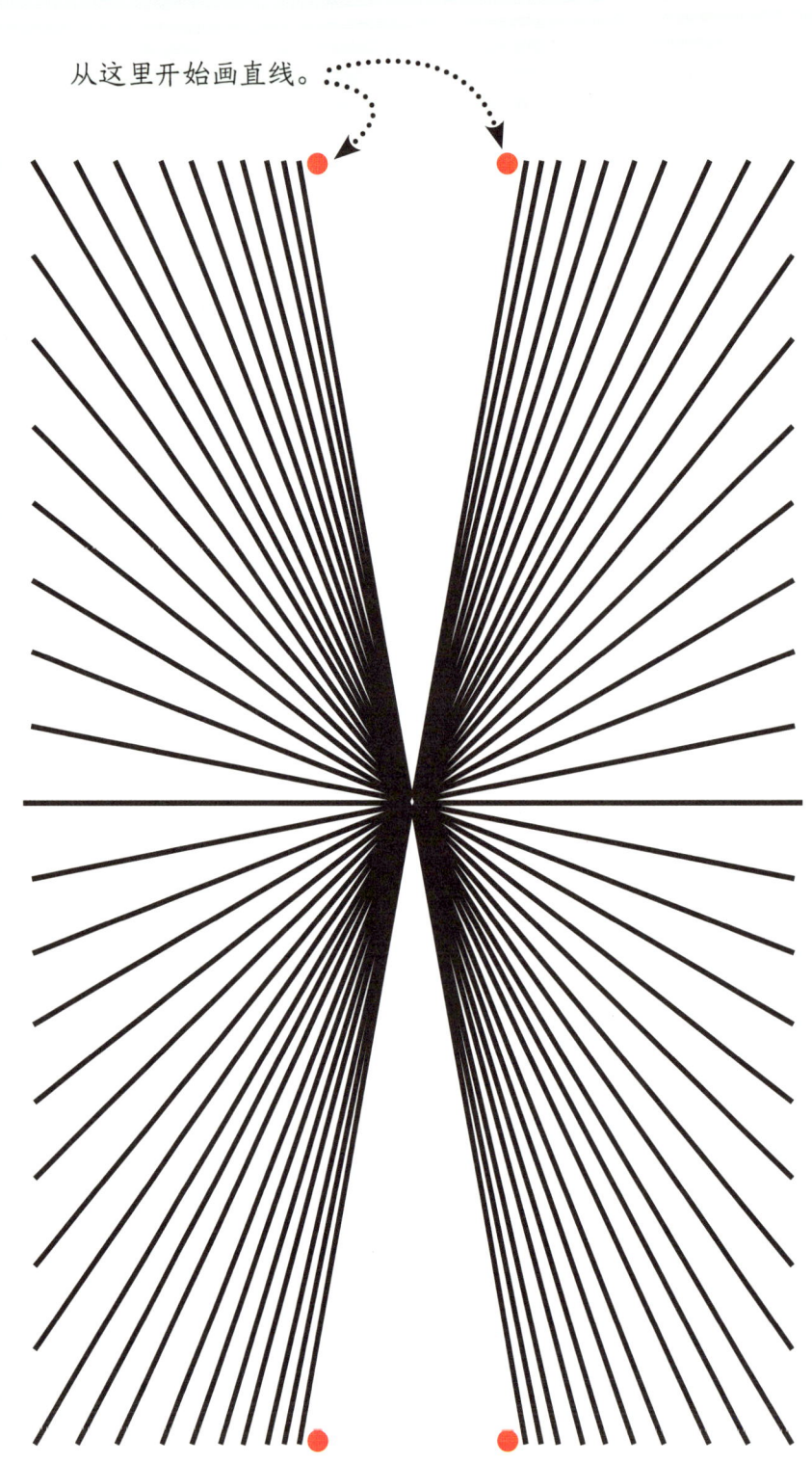

从这里开始画直线。

变弯的直线

找一把直尺和一支粗头的红色水笔，沿竖直方向画两条直线，将上、下两个红点分别连起来。

你会发现，刚画好的两条直线好像突然不那么直了，是不是？你画的就是著名的黑林错觉图，这幅图是以德国科学家艾沃德·黑林的名字命名的，因为这种错觉是他最早发现的。两条直线看起来向两侧鼓了起来，这是由于你的大脑受到了直线后面的放射状线条的干扰，而产生了错觉。

咖啡墙错觉

这个错觉图最早是由一位科学家发现的,当时他正在一个咖啡馆里喝茶。他在咖啡馆墙壁的瓷砖图案上发现了这种错觉形式。

找一支蓝色水笔,给图中阴影部分的瓷砖涂上颜色。

这些瓷砖看起来摇摇晃晃的,这是因为你的大脑认为每一列瓷砖都是歪歪扭扭的,不过如果你用直尺量一下,就会发现,每一列瓷砖之间都是完美平行的…… **真不敢相信自己的眼睛!**

叶子简介

你观察过叶子的形状吗？有的叶子很简单，只有一个单叶；还有的叶子则是由多个小叶组成的复叶。

单叶

输送养分和水分的叶脉。

叶子上宽大平坦的区域叫作叶片。

叶芽紧紧地包裹在一起，等它长大后就变成了叶子。

植物通过叶子，将阳光、水和二氧化碳转化成营养物质。科学家们把这个过程叫作光合作用。

复叶

这部分叫作叶柄。

有的叶片被分成了几个裂片。

叶子拓印画

你可以通过制作叶子拓印画,来更好地观察和研究不同形状的叶子。

1. 找一片外形好看的叶子,将叶脉凸出的一面朝上,放置在一块硬纸板或手工垫上。

2. 将硬纸板和叶子压在这一页下面,用蜡笔在页面上涂抹。叶子的形状和叶脉纹路就会神奇地出现在页面上!

纸蜻蜓

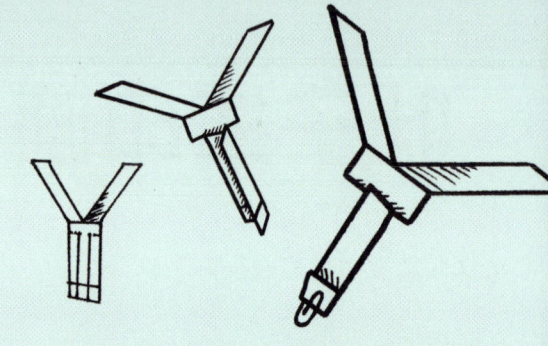

一起来制作一只酷炫的纸蜻蜓，并学习有关旋转的科学知识。

1. 将纸蜻蜓图样描到一张薄卡片上。你也可以直接使用本书后面的模板，把模板剪下来贴到薄卡片上。

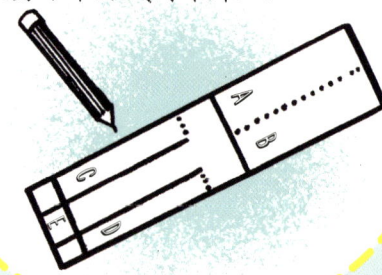

2. 沿着三条虚线将纸板小心地剪开。将标有A的纸片折向远离你的一侧，将标有B的纸片折向靠近你的一侧，这样两个纸片都会与地面产生一定的夹角。将标有C和D的纸片向内对折，将它们交叠在一起。

3. 将标有E的纸片沿着横线向上折叠，然后用一枚曲别针将它夹好。

4. 好了，你最新创造的飞行器就大功告成了！用手捏住它的底端，然后抛向空中。随着它缓缓下落，它的两个叶片就会快速地旋转起来。

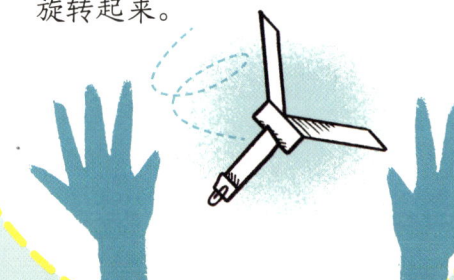

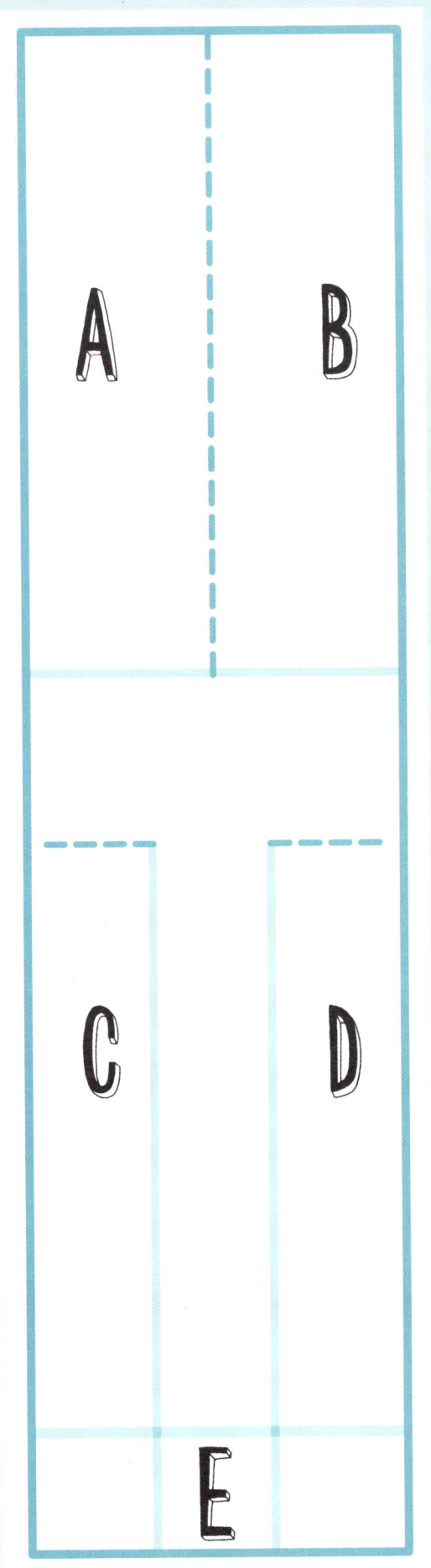

可以将纸蜻蜓的两面涂上你喜欢的颜色。

纸蜻蜓做好并顺利起飞后,你还可以在地上摆放一个或多个杯子(或小碗),然后站在椅子上放飞纸蜻蜓,看它能不能旋转着降落到指定的位置。你也可以让朋友们每人做一只纸蜻蜓,然后比一比,看看谁的纸蜻蜓在空中飞行的时间最长。

旋转的科学

纸蜻蜓是如何飞行的呢?原来,当它从空中开始下落时,空气会向上推动纸蜻蜓的两个叶片。由于两个叶片和地面存在一定的夹角,所以一部分空气推力就会变成横向推力。这种横向推力会促使叶片绕着纸蜻蜓旋转,从而带动整个纸蜻蜓旋转起来。

透视效应

你的大脑通常会做出预设,认为物体离得越远,看起来就越小。你可以根据这个原理,来制作有趣的透视错觉图。

观察一下图中的这两个小人儿,是不是一个看起来大一些,另一个看起来小一些?

实际上,他们是一样大的!

这是怎么回事呢?逐渐变密的线条会对我们的大脑造成干扰,让大脑认为右侧的小人儿站在更远的地方。然后你的大脑就会根据右侧小人儿的尺寸进行推断,认为他的个头儿肯定要比左侧"近处的"小人儿更大。

现在来制作你自己的透视错觉图吧!在这个走廊里画出任意两个一模一样的物体,一个在前,一个在后。画的时候,要确保这两个物体的大小完全相同。

这两个物体,是不是一个看起来比另一个要更大?

艾姆斯房间

这个超棒的错觉图是以美国的一位光学家小阿德尔伯特·艾姆斯命名的。他发明了一种疯狂的房间,利用歪斜的透视法欺骗大脑,使大脑误认为房间中的物体比实际尺寸更大或更小。

1. 将后面两页的房间图样描到空白卡片上,也可以把本书后面的模板剪下来,贴到空白卡片上。

2. 开始装饰你的房间。可以在墙壁上的画框里画一些你喜欢的图案。描图时,记得给地板涂上颜色,使它与图样中的地板完全一致。

3. 将这两片房间图剪下来,然后将带有红色虚线的屋顶也剪下来,这是你的观察口。

4. 沿着虚线将所有的纸片向内对折,用胶带将相邻的纸片粘起来,从而构成四面墙。这样你的艾姆斯房间就完成了!

现在,将两个同样大小的物体(例如小人偶或棋子)放到房间里,分别放在远处的两个墙角位置。通过观察口进行观察,你会发现这两个人偶好像站在一个标准矩形房间的墙角里,其中一个看起来要比另一个更大。让这两个人偶交换位置,再次观察——会发现一个缩小了,另一个变大了!

大脑 · 55

在画框中画上自己喜欢的图案。

在窗口位置画上室外的景物。

在把墙壁粘起来之前，记得先把虚线内部的区域剪下来。

翻来 覆去

有些图形可能包含着多种意思，这种图形被称为**暧昧图形**。

暧昧（ài mèi）图形会使你的大脑对同一个图形产生两种理解，并在这两种理解之间翻来覆去。有时候，你的大脑简直无法断定哪种理解是最贴切的。右侧画的是一只小兔子……

将小兔子复制到这里，不过要让它沿着顺时针方向旋转90°。你现在看到的是什么？给这个新的物种涂上颜色吧！

用一把直尺将下面的黑点连起来，组成一个简单的六边形，它看起来就像一张折叠贺卡。

再仔细观察一下，你看到的是贺卡的内侧还是外侧？结果发现，没有确定的答案。

现在，可以对你所看到的贺卡进行装饰和涂色，究竟是贺卡的内侧还是外侧，完全取决于你自己的判断！

不可能图形

"不可能图形"会让你感到迷惑，会让你的眼睛所看到的图形和大脑认为的图形之间产生矛盾。

令人困惑的三叉戟

找一支黑色水笔，把标着A的两个点用直线连起来。然后把标着B的两个点也连起来。

这样你就完成了一个不可能的图形，叫作"三叉戟（jǐ）"或"魔鬼的叉子"。它上面有几根叉尖呢？是两根，还是三根？你的大脑很难做出判断。

这种错觉的原理是你的大脑习惯于把一些图形看成自己熟悉的物体，而且往往会把二维图形看成三维物体。

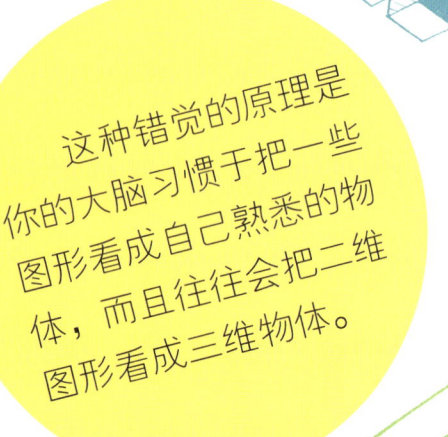

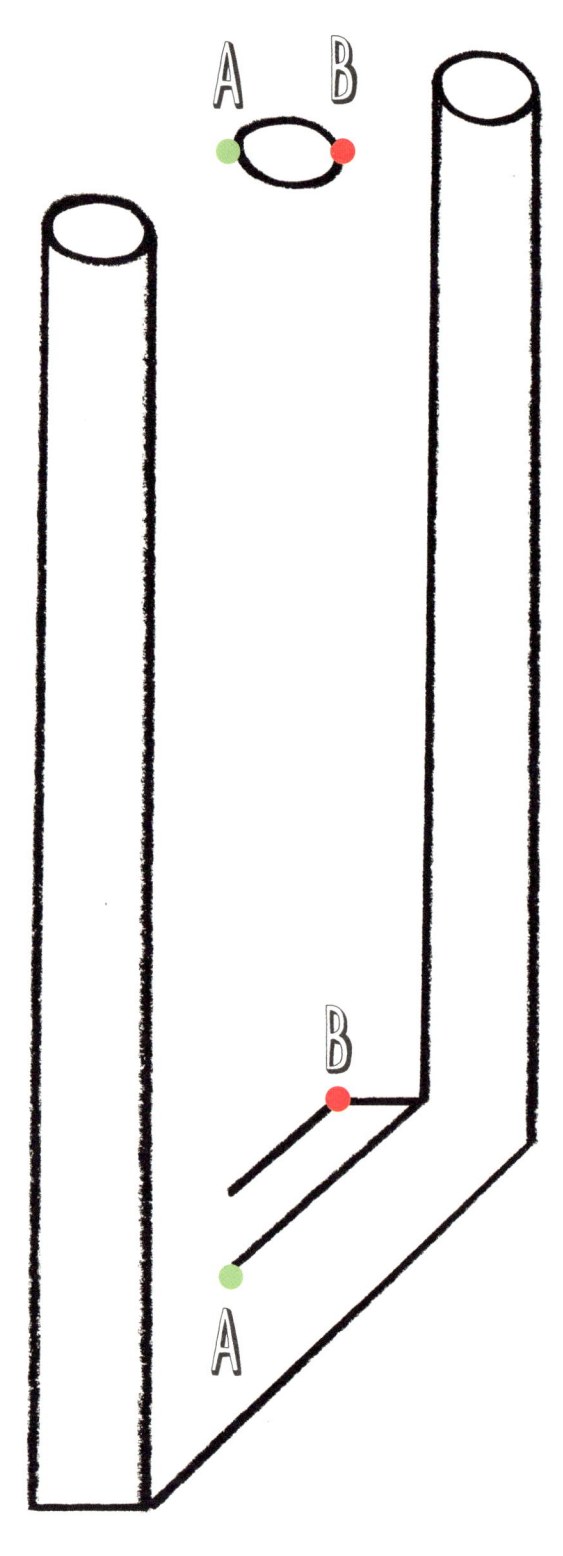

疯狂的正方形

将下面的四个点连起来，组成一个正方形。

在正方形四个角上分别添加一条1cm长的线段。

按照图示，顺着这四个角再画四条线段，画的时候让这些线段比相邻的线段稍长一些。

在每条线段的末端画一个45°的角。

如下图所示，将所有的线条连起来。

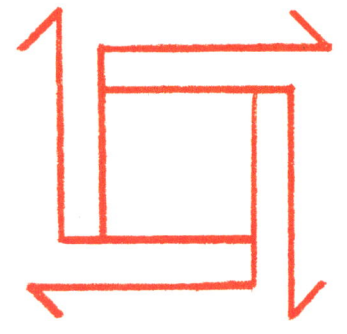

祝贺你！
你画出了一个
"不可能的正方形"。

蝴蝶的生命周期

这些昆虫在变成美丽的蝴蝶之前，它们的外形经历了一系列不可思议的变化。找一支水笔或铅笔，给蝴蝶的生命周期图涂上颜色吧。

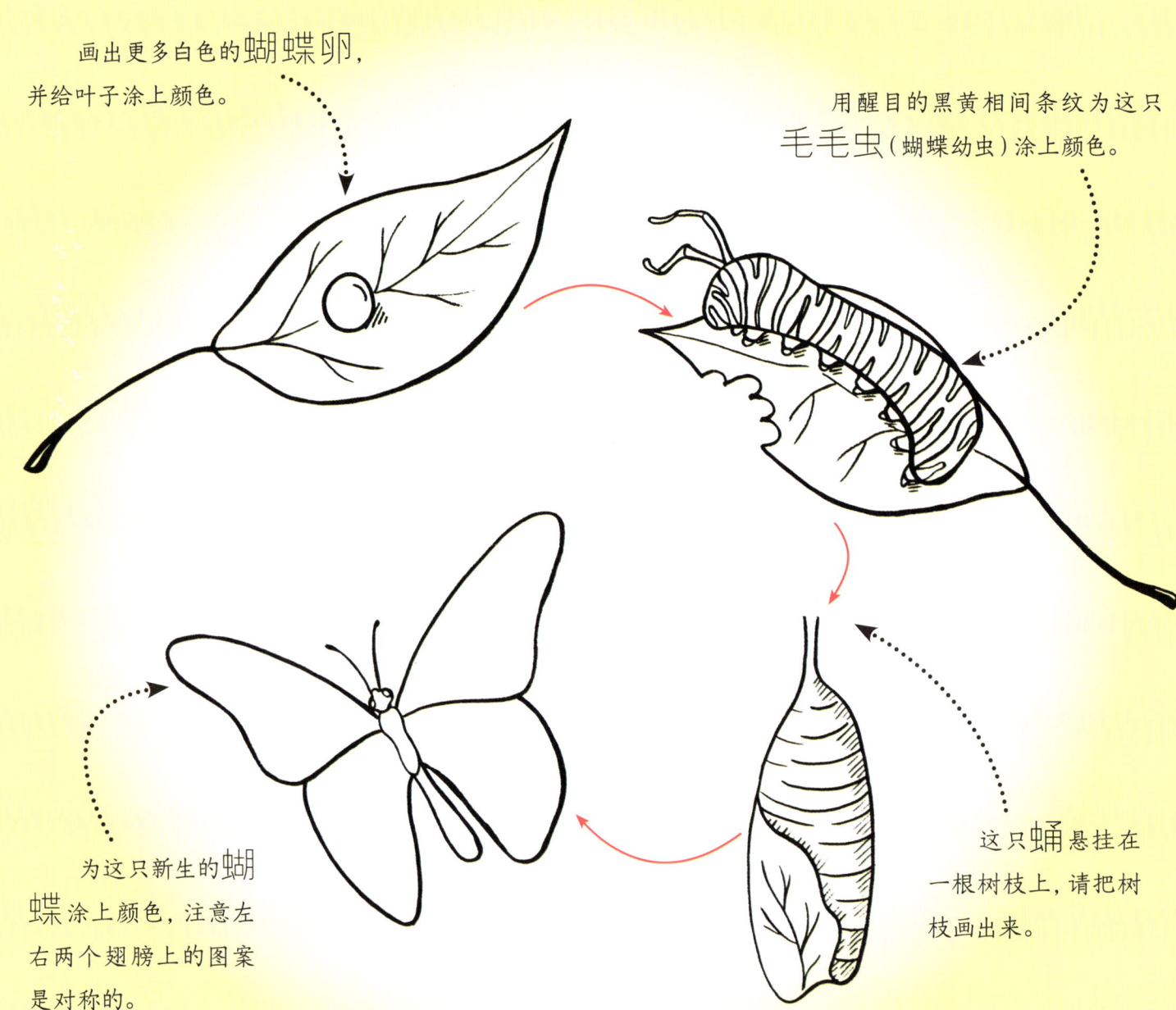

画出更多白色的蝴蝶卵，并给叶子涂上颜色。

用醒目的黑黄相间条纹为这只毛毛虫（蝴蝶幼虫）涂上颜色。

为这只新生的蝴蝶涂上颜色，注意左右两个翅膀上的图案是对称的。

这只蛹悬挂在一根树枝上，请把树枝画出来。

蝴蝶卵总是被产在树叶或植物的茎干上。从蝴蝶卵里孵化出来的是毛毛虫，它们会大量进食，体形迅速增大，同时它们也会进行4~5次蜕皮。之后毛毛虫会变成一只蝴蝶成虫，藏在一种叫作"蛹"或"茧"的小房子里。最终，长着柔嫩翅膀的蝴蝶会破茧而出，它们的翅膀也会迅速变硬变干。

五彩缤纷的昆虫

蝴蝶靠着两对翅膀飞行，它们的翅膀上往往带有鲜艳夺目的图案。下面是一只美丽的孔雀蛱（jiá）蝶，它们生活在欧洲和亚洲。请你给它的翅膀涂上颜色吧。

触须
这种长长的触须可以帮助蝴蝶感知气味，还可以帮助它在飞行时保持平衡。

喙（huì）
这根卷曲的吸管可以伸直，从而让蝴蝶可以吸食液态的食物，通常是花朵里的花蜜。

头部

胸部

腹部

翅膀
蝴蝶的翅膀上具有网状的翅脉，翅膀表面覆盖着一层薄薄的鳞片。

腿
蝴蝶可以通过六条腿上的特殊细胞来感知气味和味道。

大脑测试器

你有着聪明的大脑,可以用来思考、学习和解决问题。你知道吗?你的聪明才智其实可以通过多种方式发挥出来。例如,你或许在数学或音乐方面超级出色,或者非常善解人意。接下来,我们要对你进行几项测试,看看你的大脑在哪些方面表现得更加出色。

下面的两个谜题考验的是你的**空间认知能力**——你对图形、空间和图像的处理能力。

放飞大脑

下面是同一个正方体的两幅侧面图,仔细观察一下,你能把上面的形状画到右侧对应的展开图上吗?

答案参见第73页。

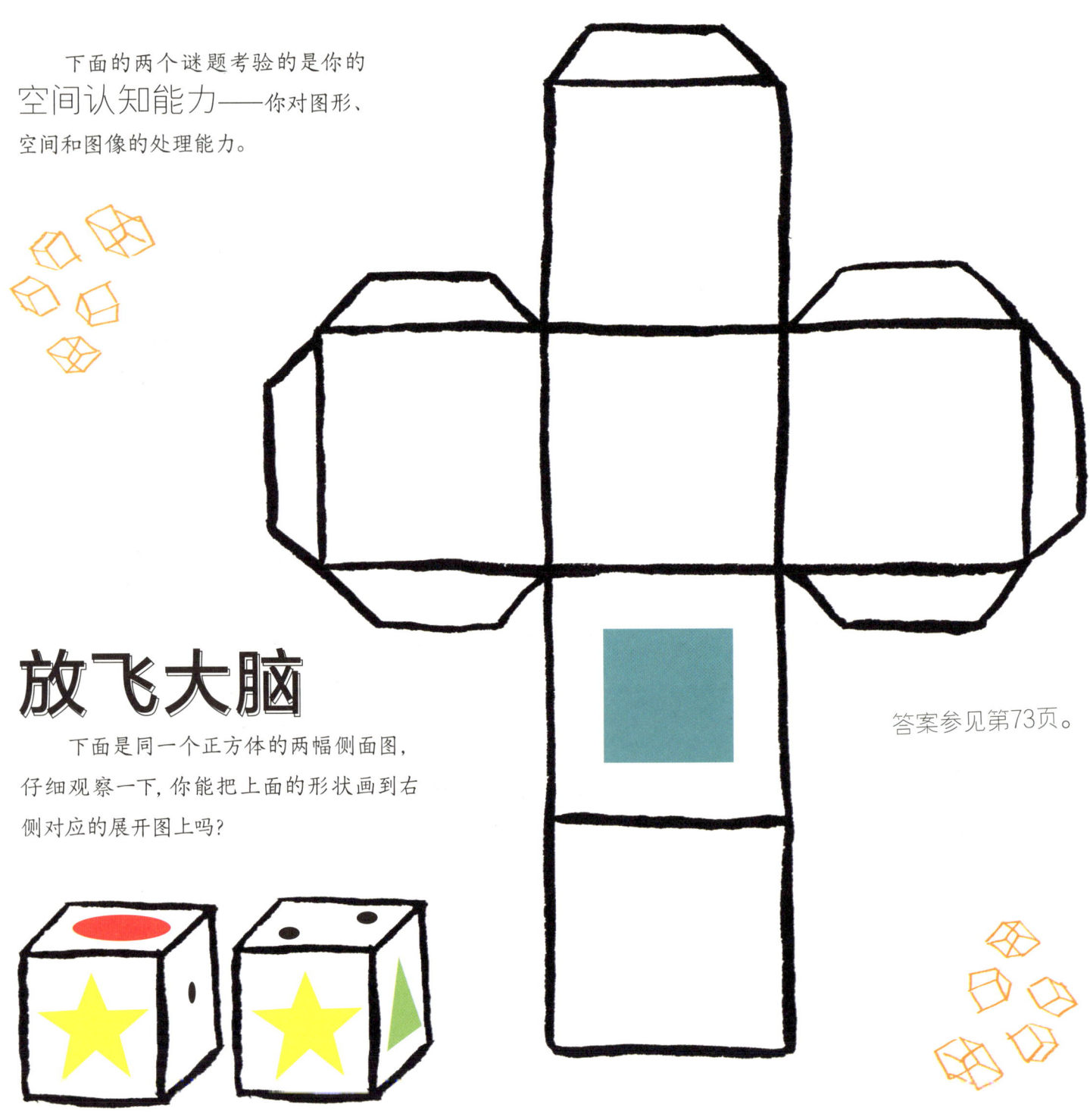

网球三角阵

只能移动三只网球,让这个顶角朝上的三角形变成顶角朝下的三角形。

一笔画信封

这是一个很有挑战性的视觉测试题,考验你的**横向思维能力**——也就是打破常规,创造性地解决问题的能力。

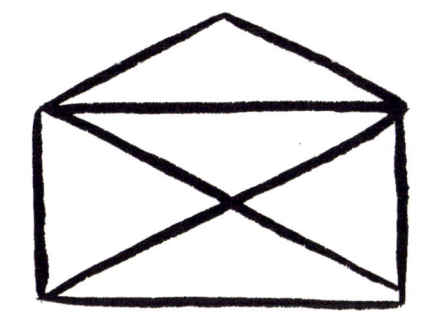

1. 首先,你能在不走重复路线的情况下,画出这个信封吗?

2. 觉得很简单?那就增加一点儿难度吧!你能在不走重复路线,并且**不与其他线条交叉**的情况下画出这个信封吗?

答案参见第73~74页。

破解谜题

前面的题目考验了你的空间认知能力和横向思维能力。现在要考考你的逻辑思维能力。

图形数独

用六种彩色的图形填满下面这个数独,确保它们满足以下规则。

⋯⋯⋯⋯⋯▶ 每一行都要包含所有六种图形。

每一列都要包含所有六种图形。

每一组像这样的小网格里都要包含所有六种图形。

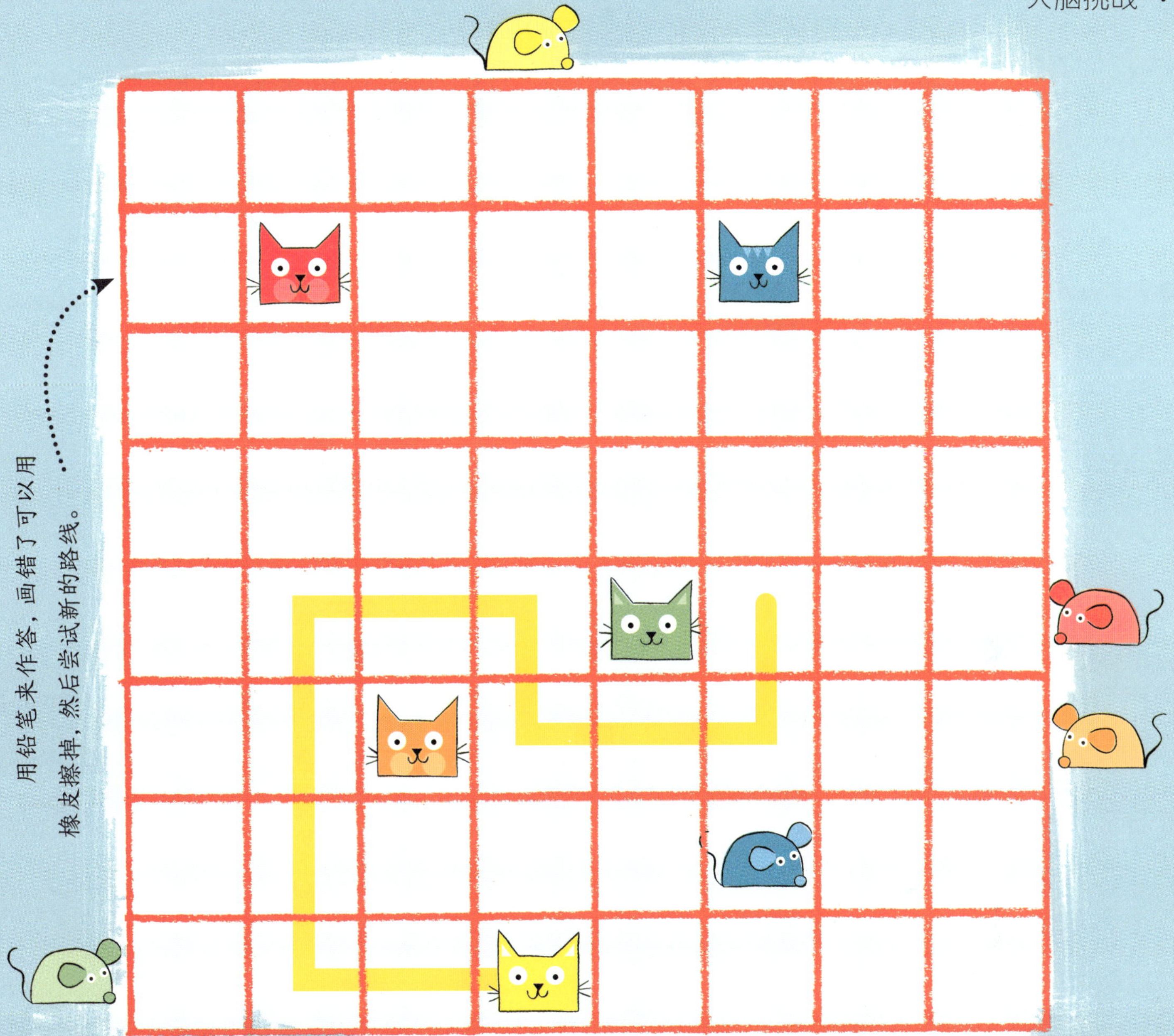

猫和老鼠

你能给每只猫咪画出路线，帮它找到对应颜色的玩具老鼠吗？猫咪们既可以水平（左右）移动，也可以垂直（上下）移动，但是不可以斜着移动，而且每条路线之间不能交叉。

用铅笔来作答，画错了可以用橡皮擦掉，然后尝试新的路线。

答案参见第74页。

记忆力马戏团

你的大脑分为很多区域，用来进行短时记忆和长时记忆。

短时记忆可以将信息在大脑里保持20~30秒，之后就会被遗忘。

★ 通过下面的简单挑战，来测试一下你的短时记忆能力。★

下面是马戏团里各种道具的名称，盯着它们看30秒钟的时间。

然后用一张卡片盖住这些名称，把你记住的所有东西画在背面的空白处。不许偷看！

椅子	小丑
气球	自行车
马戏演员	高顶礼帽
梯子	魔术棒
冰淇淋蛋卷	水桶
鼓	奶油馅饼

如果你的大脑对短时记忆中的某些事物印象深刻，那么它有可能进入你的长时记忆当中，也就是你大脑中最主要的记忆储存区域。实际上，你的经历和你所掌握的各种技能都是储存在长时记忆当中的。

你能回想起所有道具的名称吗?

你记住了多少种道具?

0-4 = 一般般

5-9 = 不错

10-12 = 非常棒

拓展活动

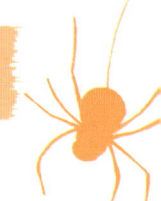

不知道接下来该做什么？下面还有一些关于怎样开展更多创意科学活动的提议。

活动创意

通过镜子观察自己的眼睛（第18~19页），然后把其中一只眼睛画下来。看看你的虹膜是什么颜色的？用相应的颜色给它涂色。再观察一下你的瞳孔的大小，并在纸上画出同样大小的瞳孔图形。再想一想，瞳孔的大小是如何反映出周围光线的明暗的？

用彩色蜡笔在纸上制作出不同叶子的拓印画（第49页）。然后沿着叶子的轮廓，把每幅拓印画都剪下来，再用胶水把它们粘贴在一张纸上，组成一幅五彩缤纷的叶子拼贴画。

根据第66~67页的记忆力测试题目，设计一套你自己的记忆力测试题目，用它来考考你身边的家人和朋友。题目中应当包含12~20个不同物品。

在纸上写一句话，然后找一面镜子，通过观察这句话在镜子里的镜像，把它写成"加密"的镜像文字。要注意镜像是左右相反的（第33页）。

你能像第7页那样，画一朵其他种类的花，并写出每个组成部分的名称吗？

用彩色胶水把苹果简笔画（第20页）画到一张透明的塑料板上，然后用彩色颜料把苹果涂成淡蓝色，叶子涂成粉红色，等颜料风干后，就制成了一个具有"残留影像"效果的透明挂饰！

你能按照第59页上面给出的"不可能的正方形"的画法，画出一个"不可能的三角形"吗？试一下吧。

残留影像（第20~21页）不仅发生在彩色画面上，黑白画面也可以产生残留影像。可以试着设计简单的黑白图像，完成后，盯着它观察45秒钟，然后把目光移到一张白纸上。你会发现黑色和白色颠倒过来了。

将几个创意结合起来

制作更多的叶子拓印画（第49页），不过这次我们不用蜡笔拓印，而是用工具敲打！"植物敲染"是一种中国和日本常见的印染工艺，是将叶子和花朵进行敲打，从而提取其中的染料。找一片鲜嫩的叶子或花朵，把它放到一块折叠的白色棉布里，然后把棉布放在一个坚硬的表面上，用木棒或小锤子轻轻地敲打棉布。

现在你已经认识了彩虹（第30页），那就试着制作一道彩虹吧！用玻璃杯盛一杯清水放在阳光下。阳光穿过杯子和水后，会分离出不同的颜色。把一张白纸垫在有颜色的地方，然后在纸上涂上对应的颜色。

当你完成了第66～67页的记忆力测试题后，还可以继续利用你画出的道具来测试你的视觉记忆能力。盯着你画的道具30秒钟，然后合上书页，写下你记住的所有道具的名称。

制作一个迷你动画（第26页），展现月相的变化过程（第38页）。

将书中的一些错觉图复制到小卡片上，并在每张小卡片的边缘画上画框。然后用胶带把这些小卡片贴到你制作的艾姆斯房间的墙壁上（第53～55页）。

制作一个X光幻影转盘（第24页）：在转盘的一面画一个人，在转盘的另一面画一副人体骨架（第43页）。

从书中挑出你最喜欢的两幅错觉图，将它们分别复制到一张长条形厚卡片的正反两面，制作出你自己的"错觉书签"。

术语表

错觉图: 对你的眼睛和大脑造成误导的图画或物体,你的大脑会把它看成另一种东西。

二氧化碳: 一种无色无味的气体,是空气的组成部分。人类和其他很多动物在呼吸和释放能量时会产生二氧化碳,一些物品在燃烧时也会释放二氧化碳。

反射: 将某事物(例如光线、热量或声音)反弹出去而不吸收该事物。

关节: 骨架中两块骨头的连接处,有些关节可以活动,例如肘关节和膝关节。

恒星: 一种巨大、炽热的气态球体。距离我们最近的恒星是太阳。在夜空中,你看到的一颗颗发光的小星星都是恒星。

花瓣: 花朵外部带有颜色的部分,可以保护花朵内部的柔嫩部分,有时候也可以吸引昆虫和其他动物。

花粉: 花朵中细小的颗粒物,通常为黄色,帮助植物生产种子。

幻影转盘: 一种经典的玩具,在一个圆盘的两面画上不同的图形,当快速翻转它时,两个图形会组合成一个新的图形。

记忆力: 记住事物的能力。

角: 两条相交直线之间的部分,用度(°)来衡量。

解释: 使某些事物变得清楚易懂的想法、演示或陈述等。

矩形: 对边相等,四个角都是直角的四边形。

聚焦: 是指对你的眼睛进行调节,使你能够看清楚某个物体并盯着它看。

昆虫: 一种小型的无脊椎动物,6条腿,身体由3个部分组成,通常有多对翅膀。

能量: 系统做功的能力。能量可以分为很多种形式,包括食物中的化学能,以及热能、光能和电能等。有时候能量可以从一种形式转化成另一种形式,例如电能通过烧水壶转化成了热能。

扭曲: 使事物的正常形状发生改变。

潜望镜: 一种包含镜片的管状仪器,可以帮助人们观察物体,通常是观察一些位于人们上方、无法直接看见的东西。

染料: 用来改变物体(比如布和纸张)颜色的物质。

生命周期: 生物体从出生到死亡所经历的一系列变化。

视觉暂留: 当眼睛盯着某个东西看一段时间之后,这个东西的形象还会在眼睛里短暂地停留片刻。

手眼协调能力: 执行那些需要手和眼睛相互配合的工作的能力,例如画图、接球等。

授粉: 在植物学中,授粉指的是使植物能够产生种子的过程。

竖直线: 指上下纵向延伸的线条。

水平线: 表示左右横向延伸的线条。

顺时针方向: 按照钟表指针转动的方向进行的圆周运动。

头盖骨: 由几块骨头组合而成的碗状骨骼,用来包裹和保护你的大脑。

头骨: 骨骼的一部分,由若干块骨头组成,用来保护你的头部。

透视: 在二维平面上画出三维的场景或物体,使其看起来具有立体效果的绘画方法。

网格: 在纸或织物上用水平线条和竖直线条组成的方格背景。

吸收: 把外界的某些物质吸到内部,例如,黑色会吸收大部分光。

细胞: 构成所有生物体的微小单元。有些简单的微生物只是由一个细胞构成的,而一些复杂的生物,例如我们人类,则是由千百万个不同类型的细胞构成的。

相同: 一个事物与另一个事物完全一样。

翼幅: 鸟类或昆虫的一对翅膀展开后,从一个翼尖到另一个翼尖的距离。

宇宙: 包含着所有的空间和一切事物,包括太阳、星星和我们的地球。

圆规: 一种用来画出完美的圆的工具。

直径: 平面上一条直线经过圆心后,与圆产生的两个交点之间的距离。

重力: 将两个物体拉到一起的一种相互作用。当一个物体的质量远大于另一个物体时,它就会把较轻的物体吸引过来。这就是高处的物体会向下落到地球表面的原因。

蛛形纲动物: 动物的一个分类,蛛形纲动物没有翅膀,有8条腿,身体由2个体段组成。蜘蛛和蝎子都属于蛛形纲动物。

答案

 从远处看这些错觉图时,效果更明显。

第28页:**移动的圆**

第16页:**颜色错觉**

第17页:**红色方块**

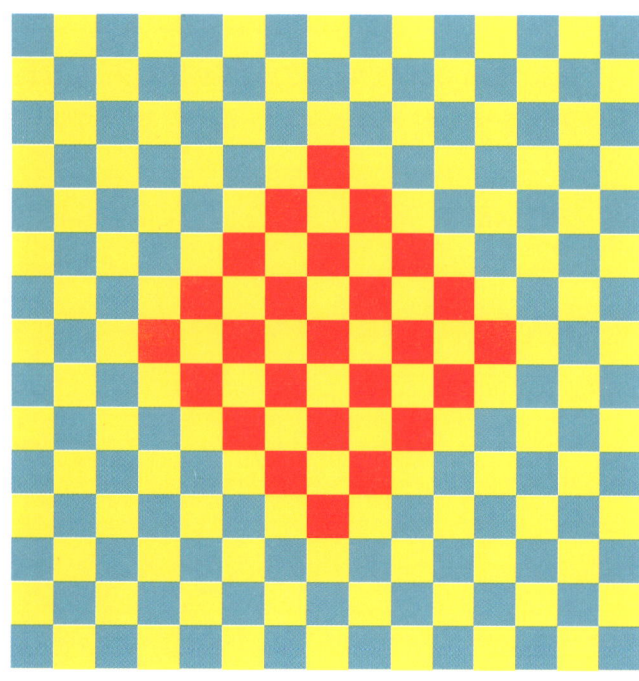

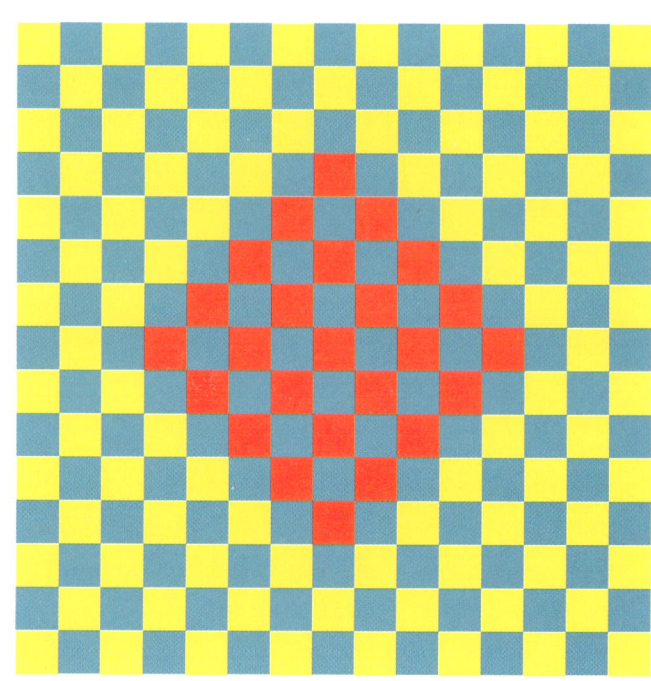

第29页：**转动的圆环**

第62页：**放飞大脑**

第35页：**镜面反射**

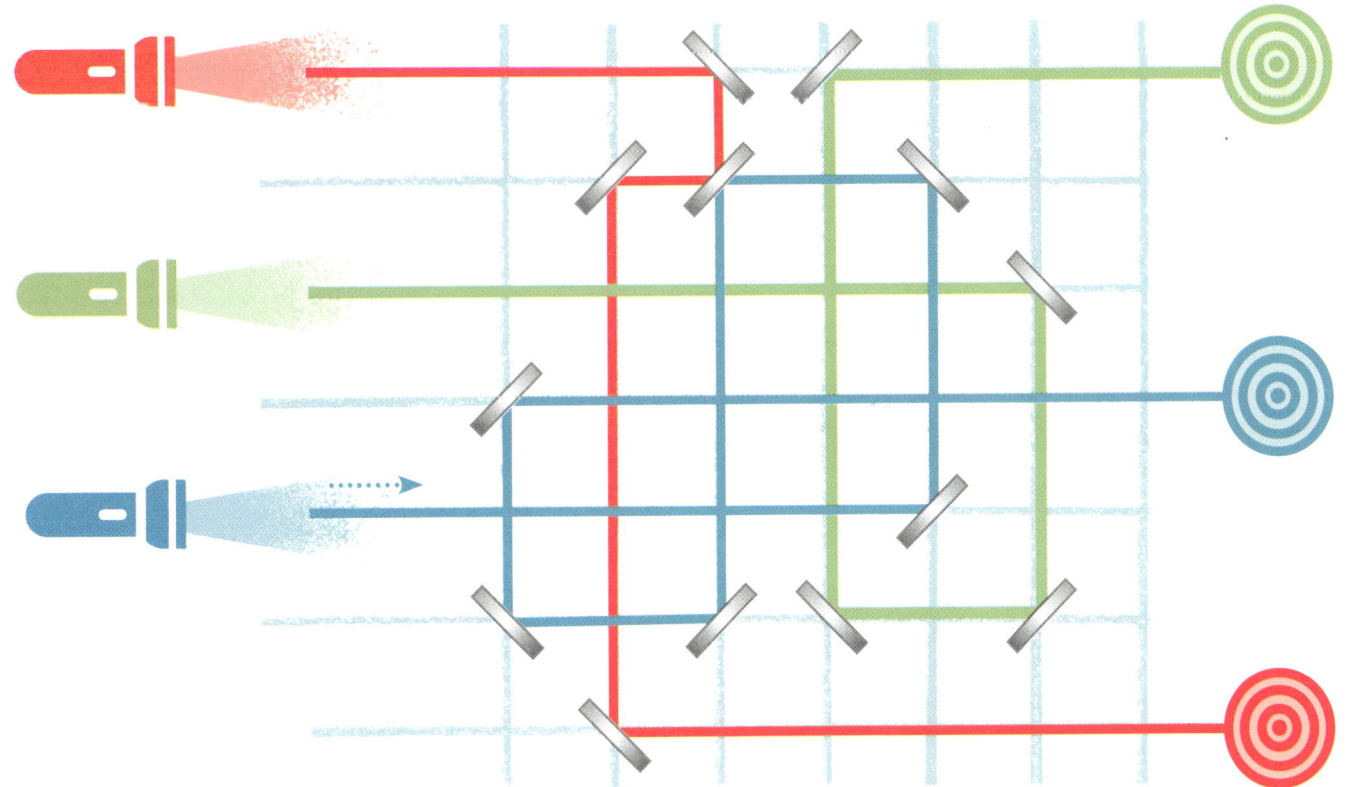

第63页：网球三角阵

第63页：一笔画信封

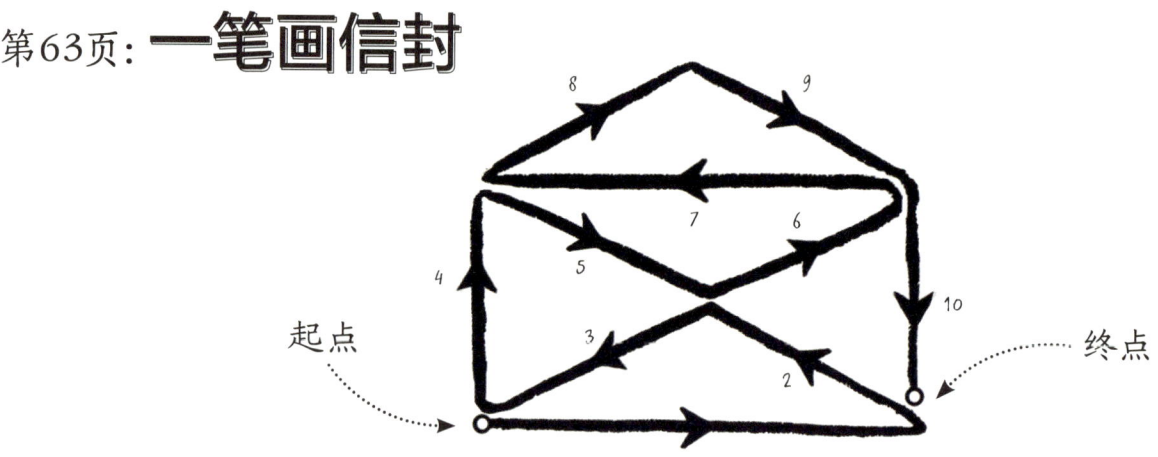

起点　终点

第64页：图形数独

第65页：猫和老鼠

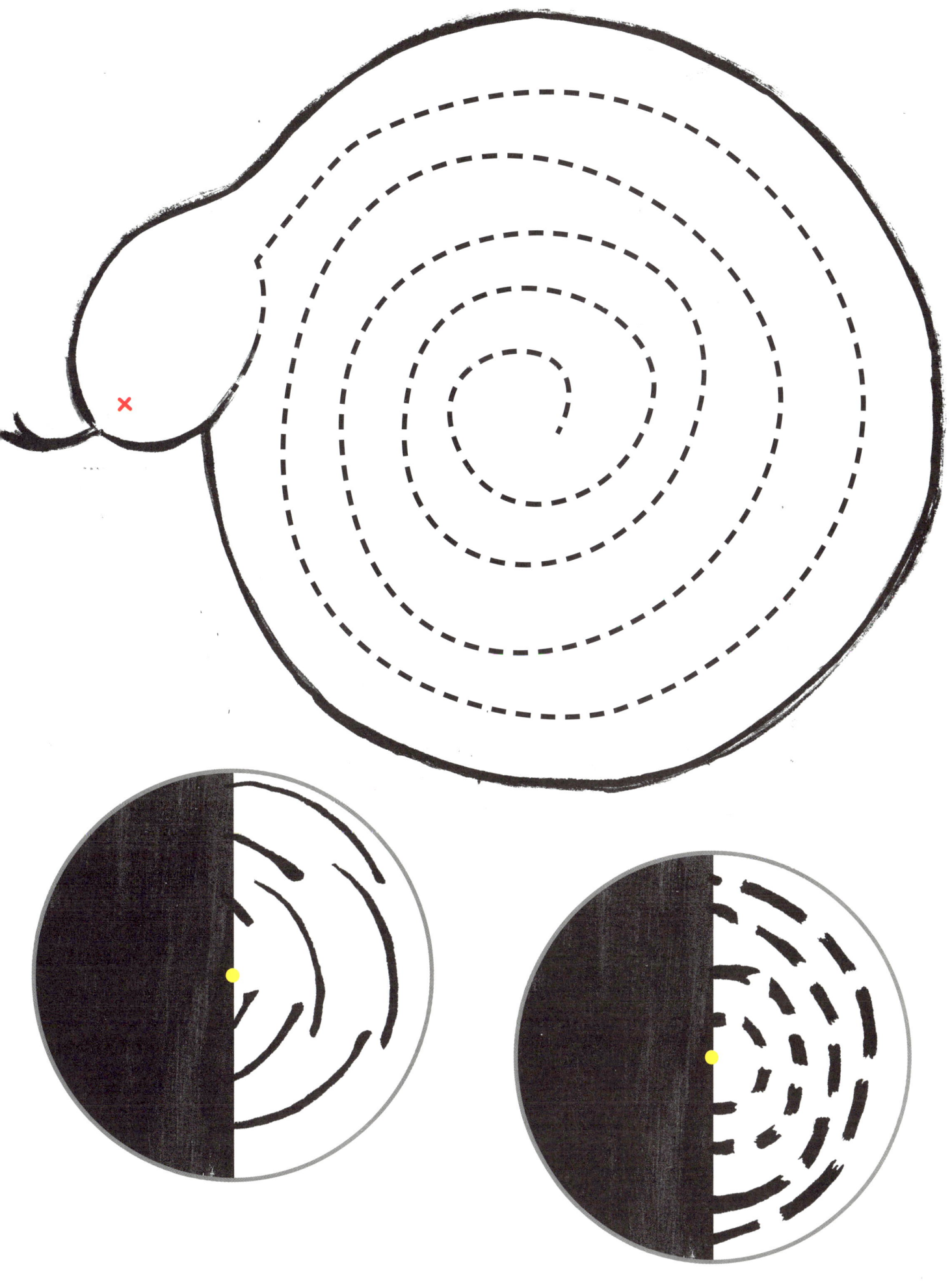

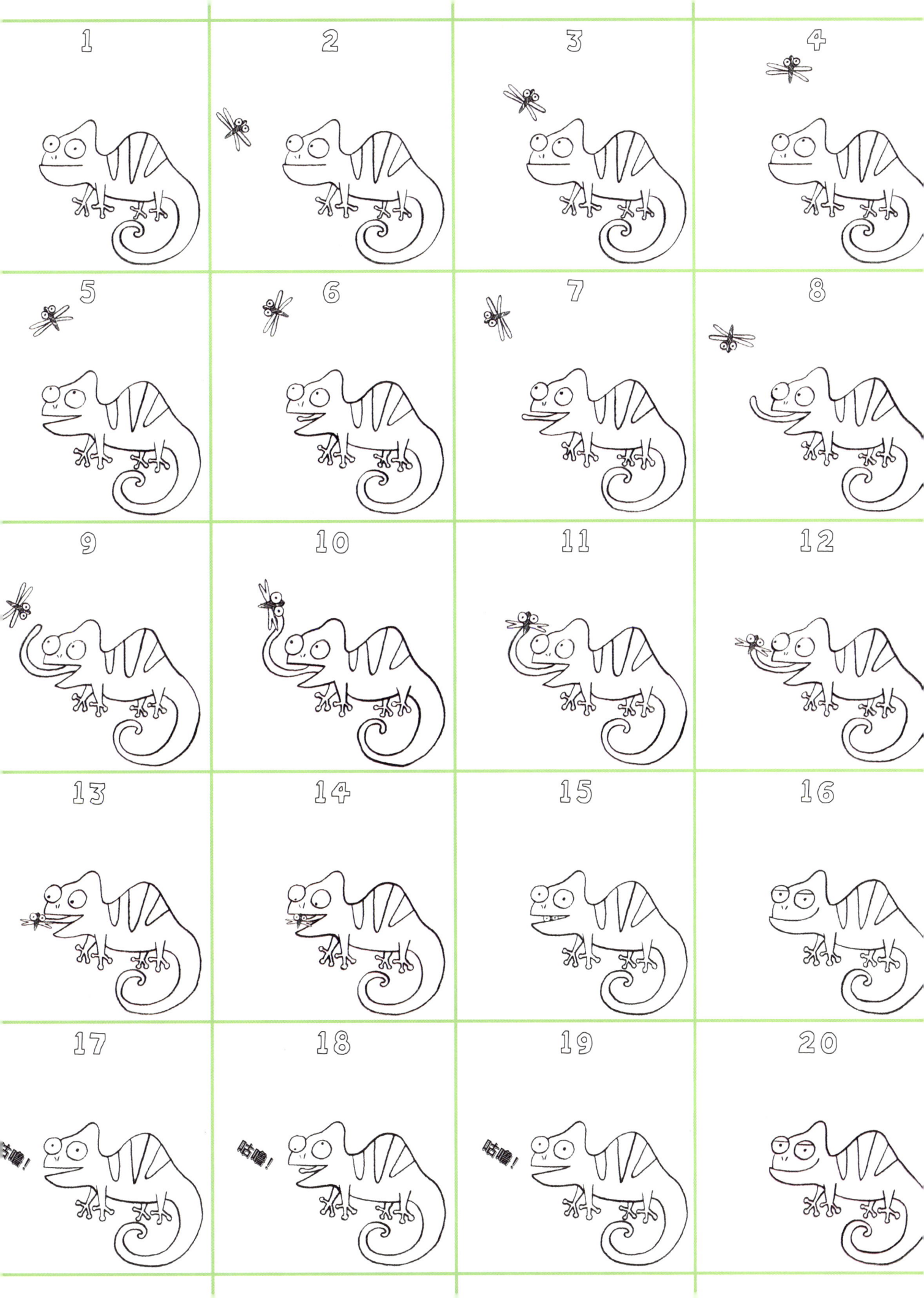

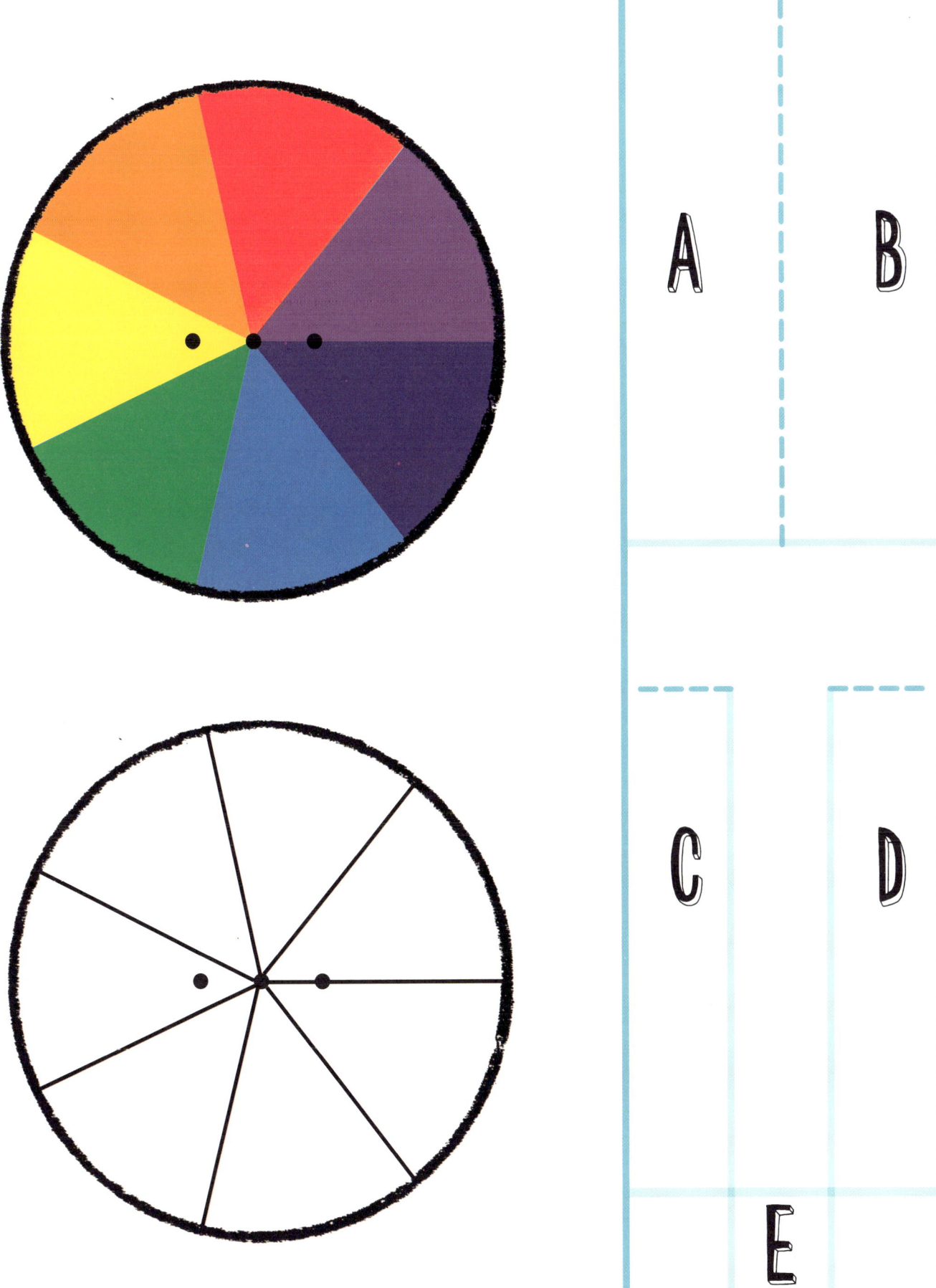

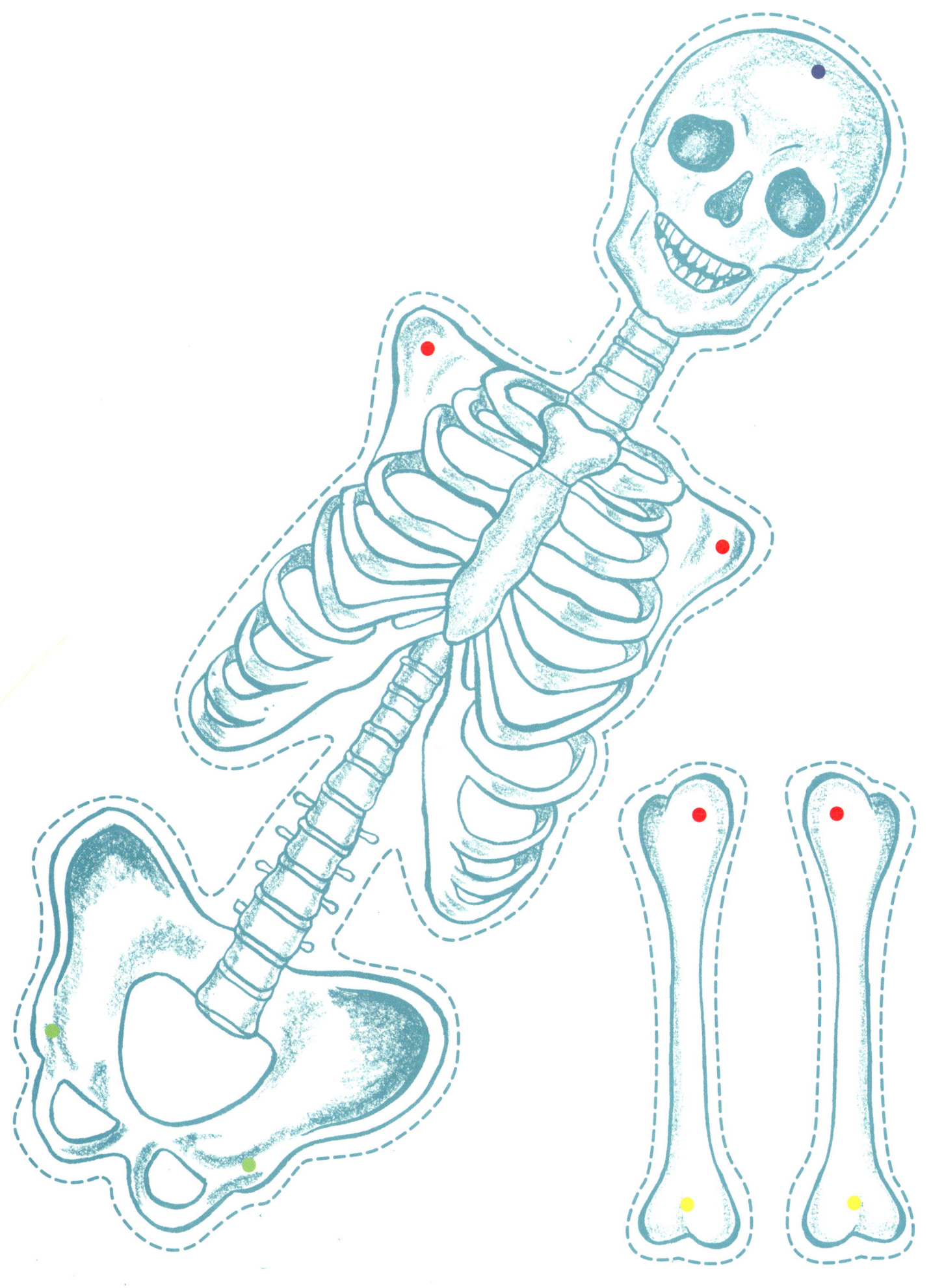

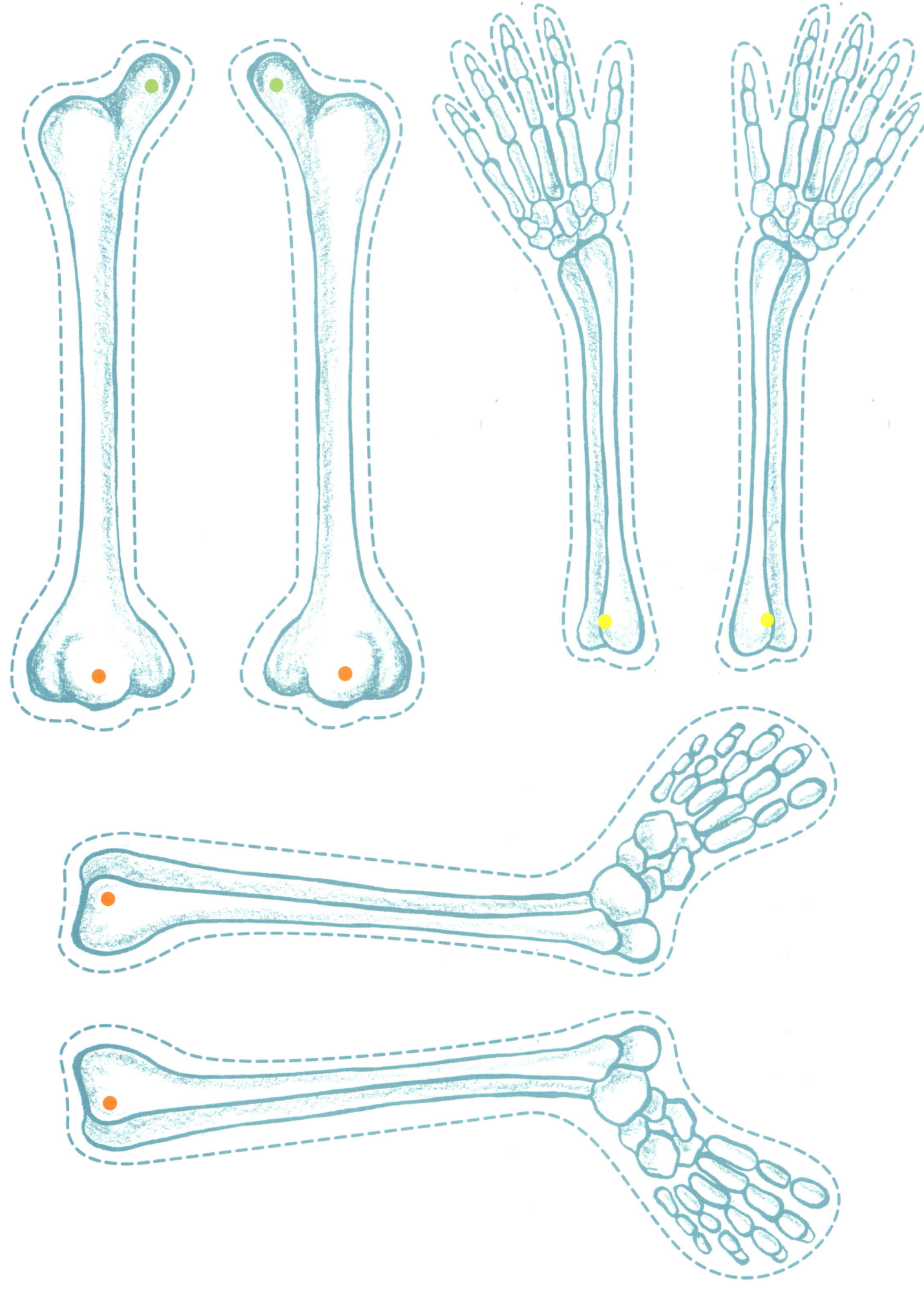

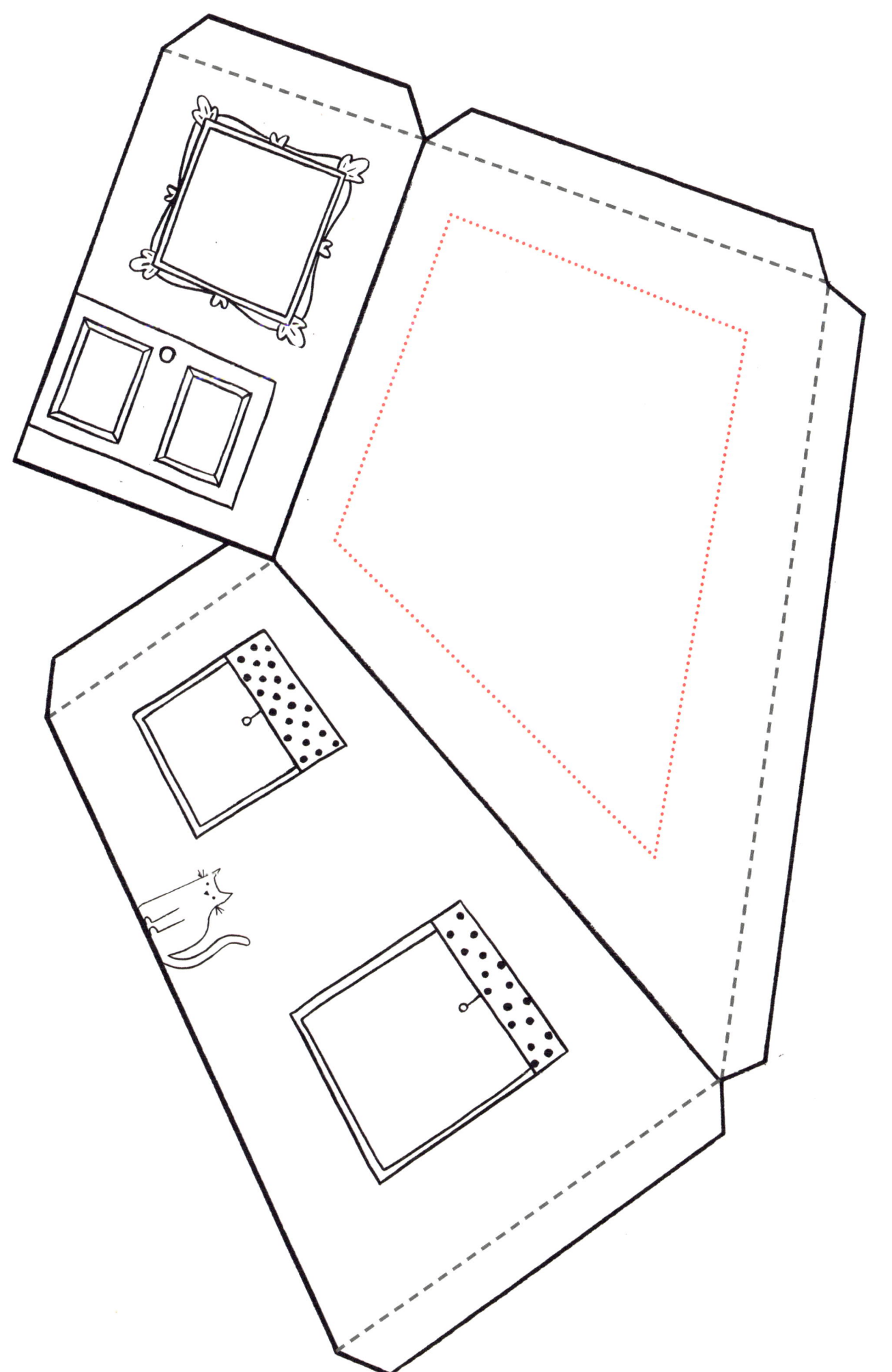